Pe. FERDINANDO MANCILIO, C.Ss.R.

Manual do Ministro Extraordinário da Sagrada Comunhão

EDITORA

DIREÇÃO EDITORIAL: Pe. Fábio Evaristo Resende Silva, C.Ss.R.
COORDENAÇÃO EDITORIAL: Ana Lúcia de Castro Leite
COPIDESQUE: Ana Lúcia de Castro Leite
REVISÃO: Leila Crisitina Dinis Fernandes
Luana Galvão
CAPA E DIAGRAMAÇÃO: Mauricio Pereira
ILUSTRAÇÕES: Mauricio Pereira

Dados Internacionais de Catalogação na Publicação (CIP)
(Câmara Brasileira do Livro, SP, Brasil)

Mancilio, Ferdinando
Manual do ministro extraordinário da sagrada comunhão / Ferdinando Mancilio. - Aparecida, SP: Editora Santuário, 2015.

ISBN 978-85-369-0366-8

1. Ação Católica 2. Catequese - Igreja Católica 3. Eucaristia 4. Ministros do culto - Manuais, guias etc. 5. Ministério - Igreja Católica 6. Ministério leigo - Formação I. Título.

15-02448 CDD-264.36

Índices para catálogo sistemático:

1. Formação de Ministros da Eucaristia: Igreja Católica: Manuais 264.36

8ª impressão

Rua Pe. Claro Monteiro, 342 – 12570-000 – Aparecida-SP
Tel.: 12 3104-2000 – Televendas: 0800 - 0 16 00 04
www.editorasantuario.com.br
vendas@editorasantuario.com.br

APRESENTAÇÃO

Quando tomamos um livro nas mãos, imaginamos que ele venha ao encontro das nossas necessidades. De fato, todo livro ou material escrito têm um objetivo claro: responder a uma necessidade, refletir sobre um assunto ou encaminhar uma decisão.

Considerando e reconhecendo o imenso trabalho dos leigos nas Comunidades, que se doam com imensa generosidade, resolvemos trabalhar o presente Manual dos Ministros Extraordinários da Sagrada Comunhão com a única intenção de ajudá-los em seu Ministério. Cuidar dos agentes de pastoral é dever; formá-los é obrigação, para que atuem com mais liberdade e maturidade. Às vezes, passa-se a exigir, mas não se dá o alimento necessário. Foi com esse desejo de tornar fecundo, especificamente o Ministério Extraordinário da Sagrada Comunhão, que pensamos com dedicação e carinho este Manual.

Ele não traz nada de extraordinário, mas sim os elementos que julgamos principais na orientação específica desse Ministério. Imaginamos, até, que é possível por meio dele preparar leigos cristãos para o exercício desse Ministério.

O Manual do Ministro Extraordinário da Sagrada Comunhão foi pensado em vista da valorização desse Ministério. Desde o Concílio Vaticano II, o Brasil abraçou esse Ministério com seriedade. Os ministros estão presentes nas Paróquias, nas Comunidades e nos Santuários. São pessoas que se dedicam intensamente a esse serviço dentro da Comunidade cristã, resgatando o verdadeiro sentido de ser Igreja por meio da presença, participação e compromisso.

Este Manual deseja ser uma ajuda importante para esses abnegados leigos, para que cresçam na fé, na esperança e na dedicação ministerial.

Como deve um Manual, ele traz reflexões sobre a Palavra de Deus ou orientações bíblicas que fundamentam mais precisamente esse Ministério. Traz orientações comportamentais nas variadas circunstâncias que são próprias dessa ação ministerial. Além disso há orações e momentos celebrativos para se realizar.

Deseja também ser uma grande ajuda para a preparação de novos Ministros da Distribuição da Sagrada Eucaristia. Há elementos favoráveis e suficientes para uma preparação básica e prática.

Esperamos que tal intento venha corresponder com as necessidades mais urgentes dos Ministros Extraordinários da Distribuição da Sagrada Comunhão.

Celebremos com alegria e gratidão a memória pascal de Jesus, e que Maria Santíssima, a Mulher Eucarística, ajude-nos na fidelidade a Cristo, nosso Senhor.

Que a Senhora Aparecida, em seu tricentenário, nos guarde e nos fortaleça na vida de Igreja, de comunhão e de compromisso. Amém.

1
BÍBLIA E EUCARISTIA

A Palavra de Deus

O Ministro da Eucaristia deve ter um grande amor para com a Palavra de Deus, fundamentalmente o Evangelho de Jesus. Da Palavra Sagrada nascem a fé, a união na Comunidade e a participação na Sagrada Comunhão.

"Como a corça deseja as águas correntes, assim minha alma anseia por vós, ó Deus" (Sl 42,2). Essa sede, cada cristão precisa ter. Sede de Deus, de seu amor e de sua misericórdia.

A Bíblia é uma coleção de livros. Contém 73 livros que levaram uns mil anos antes de Cristo até um século depois dele para serem escritos. Esses livros foram escritos em épocas e situações históricas diferentes. Ali encontramos a História da Salvação presente na história humana. Deus quis assim fazer: a História da Salvação acontecer dentro da história humana, cheia de percalços e contradições. Mas é bem aí que Deus fala. Certo é que a Bíblia é uma verdadeira carta de amor que o Senhor nos enviou. O texto sagrado deve ser nosso modo cristão de PENSAR, de REZAR e de VIVER.

O Ministro da Eucaristia tem grande amor para com a Palavra de Deus! Dela nos vêm a fé e o amor a Cristo, que é a realização plena da promessa do Pai: nosso Salvador!

BÍBLIA: Carta de Amor que o Senhor nos escreveu! Essa é a mais bela expressão para definir o sentido da Bíblia para nós. Ela nos leva para dentro de Deus, para o coração divino. Mostra-nos o Deus que faz história no meio de seu povo. Deus que não tem medo de se aproximar de nossa humanidade, mesmo sabendo e conhecendo cada uma de nossas fraquezas. Ele vem ao encontro da humanidade com sua Palavra, que manifesta seu amor para conosco.

Há ainda algo surpreendente: Imagine como Deus vai completar essa história de amor. Será que você é capaz de imaginar? Pois bem, Deus se aproximou tanto de nossa humanidade, sua fidelidade foi tão grande, sua Aliança jamais foi desfeita que a PALAVRA se fez HOMEM e veio morar entre nós. É JESUS de Nazaré.

Bíblia: Carta de amor que o Senhor nos escreveu! Carta que nos ensina o jeito certo de viver! Jesus é o ápice do amor do Pai! Ele é a Palavra que se fez Homem no meio de nós!

Jesus é a Palavra do Pai feito carne. É Palavra viva que veio morar entre nós. Jesus é divino porque veio de junto do Pai. Mas é também humano, pois veio morar entre nós, assumindo nossa condição humana. Jesus é a PALAVRA do Pai que veio DIALOGAR com a humanidade. O Evangelho é o grande livro do diálogo de Jesus com os homens e as mulheres. É diálogo da humanidade com Deus e de Deus com a humanidade. Isso é Evangelho.

Vejamos, por exemplo:

Amós 8,11: "Virão dias – oráculo do Senhor Javé – em que mandarei a fome ao país, não fome de *pão nem sede de água,* mas de ouvir a Palavra de Javé".

Lucas 24,32: "Não é verdade que nosso coração ardia em nós quando ele nos falava pelo caminho e nos explicava as Escrituras?"

Quem participa de uma Comunidade e, principalmente, o Ministro Extraordinário da Sagrada Eucaristia não podem dizer: "A Bíblia não é para mim! Não entendo esse livro!" Se dizemos assim, estamos na verdade mostrando nosso pouco interesse pela Palavra de Deus, que tanto se interessou por nós. Parece que respeitamos o que veio de Deus, mas não temos interesse de conhecer, de crescer no ensinamento de Cristo. Vamos levando uma "vidinha mais ou menos" com as coisas de Deus. É verdade que nem sempre é fácil a leitura e a compreensão de certos trechos, por causa da época e da cultura em que foram escritos. Há trechos muito distantes de nosso tempo. Mas é impossível sua mensagem não chegar ao coração humano. Só mesmo se a rejeitamos ou não fazemos o esforço necessário para compreendê-la. A Sagrada Escritura culmina na pessoa de Cristo. Ele é a Palavra por excelência. Ele é a Palavra de Deus para nós. O Evangelho é o centro de toda a Sagrada Escritura. Seu ensinamento e seu entendimento estão tão perto de nós que é impossível separá-los. Só mesmo se não quisermos escutar o que nos diz Jesus. Precisamos todos e em cada dia descobrir o TESOURO que está diante de nós: CRISTO!

A Bíblia é um TESOURO que está ao alcance de nossas mãos. Melhor ainda se alcançar nosso coração. Ela é fonte de vida. É luz que nos guia. É Palavra geradora de vida entre nós!

Na verdade, chegando às últimas consequências da Palavra de Deus, da História da Salvação, compreenderemos que ela se realiza plenamente no Cristo crucificado e ressuscitado. Cristo ressuscitado vive entre nós, no meio de nós e em nós. O que é o Cristianismo? Cristianismo é Cristo VIVENDO e CRESCENDO junto de nós, até o fim do mundo.

Para compreendermos essa verdade, basta olharmos a narração sobre os discípulos de Emaús, que Lucas nos traz em seu Evangelho (cf. Lc 24,13-35). Jesus dialoga com os discípulos de Emaús. Revela-se a eles. Mostra-lhes quem Ele é. Eles vão reconhecer Jesus ao *partir o pão*.

Assim, a PALAVRA e a EUCARISTIA caminham juntas. Não há separação. Aliás, a missa tem duas grandes mesas ou partes: a Mesa da Palavra e a Mesa da Eucaristia.

O que nós APRENDEMOS e ENCONTRAMOS em torno dessas duas Mesas? Encontramos o Cristo ressuscitado, por meio da PALAVRA. Encontrando o Cristo ressuscitado, por meio de sua Palavra, temos a grande oportunidade, a chance que Deus nos dá, de nos ENCONTRARMOS com nós mesmos e voltarmos renovados para a convivência com os irmãos e irmãs, na Comunidade, na família, onde estivermos.

Quando meditamos o Evangelho ou um texto da Sagrada Escritura, o convite de Deus é para escutarmos a Palavra que está presente no meio do povo de Israel, na Palestina, mas principalmente AGORA está viva na HISTÓRIA de nossos dias. A História da Salvação continua hoje. E são os cristãos chamados a levar adiante a História da Salvação.

PALAVRA e EUCARISTIA não estão separadas. Encontramos o Cristo na Palavra anunciada na Comunidade, em cada celebração e na Eucaristia, a grande ação de graças de todo o povo ao Deus que nos deu seu único Filho, para nossa redenção!

A Bíblia é o grande DIÁLOGO de Deus com seu povo. É a certeza de sua PRESENÇA junto de nós, que vai culminar em Jesus, presença divina, pessoa real, no meio de nossa história humana. O Evangelho nos leva a descobrir e redescobrir a PRESENÇA AMOROSA de Cristo, em seu Evangelho e na Eucaristia. A Eucaristia é a refeição do amor, da presença, lugar de diálogo, de perdão, de encontro, de fraternidade, de paz, de harmonia, de diálogo, de misericórdia... Eucaristia é o contínuo diálogo de Deus com seu povo, por meio de seu Filho Jesus Cristo. É por isso que dizemos no final da Prece Eucarística: “Por Cristo, com Cristo e em Cristo, a vós, ó Pai todo-poderoso, na unidade do Espírito Santo, toda honra e toda glória, agora e para sempre”. E entoamos o GRANDE AMÉM, que irá ecoar por toda a eternidade. Deus continua, pois, dialogando com a humanidade por meio de seu Filho Jesus!

Oração

Senhor, meu Deus, dai-nos vosso Espírito Santo, para que possamos viver intensamente em vosso amor que brota de vossa Palavra bendita e santa.

Guiai nossa vida e a de nossa família, conforme vossa vontade.

Maria Santíssima, vós que trouxestes Jesus em vosso seio bendito e santo, a Palavra viva do Pai, Jesus, seu Filho, ajudai-nos a viver o que Ele nos ensinou. Amém.

As refeições bíblicas

A narração bíblica que fala de refeição está intensamente carregada de sentido salvífico libertador. Não é apenas um fato isolado ou insignificante. A refeição traz um sentido profundo de vida nova, de conversão, de perdão, de diálogo, de encontro. Foi exatamente numa Ceia que Jesus instituiu a Eucaristia.

Na Bíblia as refeições sempre tiveram o sentido de relacionamento da pessoa com a divindade, de intimidade divina, de presença no meio do povo.

Quando o povo de Israel foi libertado das garras do faraó, Moisés mandou que todos celebrassem uma refeição em suas casas, antes de partirem, à noite, rumo à terra prometida (cf. Êx 12,1-12). Essa refeição trouxe a lembrança da LIBERTAÇÃO da escravidão no Egito, lembrança da ALIANÇA que Deus fez com seu povo, livrando-o da morte. Dentre outras refeições que trazem os relatos bíblicos, essa é a mais importante, pois se relaciona profundamente com a Páscoa de Jesus, Páscoa que celebramos em cada Eucaristia.

As refeições na Bíblia têm o sentido da união com Deus e com os presentes. As refeições nas quais Jesus participou têm sempre o sentido salvífico e da misericórdia divina!

No Novo Testamento, principalmente no Evangelho, a *refeição* tem sentido profundamente sagrado. Simboliza e significa a *união com Deus e com os presentes*. Um dos conflitos de Jesus com os fariseus e os escribas – aqueles que eram responsáveis e vigilantes do cumprimento da Lei de Israel – foi porque Jesus tomava refeição e se aproximava de pecadores e pagãos, e estes eram considerados impuros, ou seja, estavam excluídos da amizade com Deus. Ao se aproximar desses que, para os judeus apegados à Lei, eram impuros, Jesus mostra-lhes que é o *puro* que purifica o *impuro* e não o *impuro* que contamina o *puro*. A Lei para o judaísmo era feita de *613 preceitos*, sendo *365 proibições*, ou seja, aquilo que não se podia fazer, por exemplo, trabalhar aos sábados ou curar alguém como fez Jesus, e *248 mandamentos*. Jesus mostrou que a misericórdia e o amor estão em primeiro lugar em nossa vida.

Algumas passagens do Evangelho nos ajudam a compreender bem o sentido das refeições, como sinal salvífico de Deus. Jesus sempre comparou o Reino de Deus a um *Banquete* – não o banquete como entendemos humanamente, mas *banquete salvífico*.

– Lc 14,15-24: todos são chamados ao banquete, principalmente os pobres.
– Lc 10,38-42: Jesus na casa de Marta, Maria e Lázaro.
– Jo 2,1-11: festa de casamento em Caná da Galileia.
– Lc 7,36-50: na casa de Simão (fariseu), Jesus acolhe a pecadora arrependida.
– Mt 9,10: na casa de Mateus, pecador público (cobrador de impostos).
– Lc 19,2-10: na casa de Zaqueu, também pecador público (cobrador de impostos).

Será que precisamos de mais explicações de Jesus sobre a misericórdia divina e o amor infinito do Pai para conosco? Só nessas passagens que vimos, já temos mais que o suficiente para compreendermos como o Pai nos acolhe em Jesus, seu Filho.

As refeições das quais Jesus participava eram um verdadeiro anúncio do banquete no Reino de Deus: *alegria, perdão, salvação*. O Reino é oferecido a todos, e Jesus nos diz que os pecadores entrarão primeiro, porque acolheram com desprendimento e humildade a misericórdia de Deus (cf. Mt 21,31-32).

> A Eucaristia é a prova do amor de Cristo por nós, que se repete em cada celebração. Por isso, ninguém deve participar como um ato comum, rotineiro. Participar de cada Eucaristia como se fosse a primeira ou a última da vida inteira!

No contexto do assunto que estamos refletindo, não pode faltar o fato da *multiplicação dos pães*, que Jesus fez para saciar a multidão com fome, porque ele está estreitamente ligado à instituição da Eucaristia. Esse fato da multiplicação dos pães, encontramos em Lc 9,12-17. Assim Jesus vai preparando os apóstolos e também o povo para aquele momento sublime da *instituição da Sagrada Eucaristia*, naquela quinta-feira, quando celebrou com os apóstolos a Ceia Pascal. Estamos indicando apenas o momento da multiplicação dos pães relacionado à Eucaristia; não vamos aprofundar aqui essa passagem do Evangelho.

Todos esses fatos que vimos acima, embora rapidamente, preparam o povo para a INSTITUIÇÃO DA EUCARISTIA, daquela quinta-feira quando Jesus se reuniu com os apóstolos e celebrou com eles a Ceia Pascal.

Não podemos participar da Eucaristia de modo rotineiro. Ela é o ato mais sublime de nossa fé. É a fonte de onde emana toda graça divina para nós, é fonte de todos os outros sacramentos.

Precisamos ainda ser educados na Eucaristia. A rotina pode nos tirar a grandeza da verdade de Cristo que celebramos em sua memória.

> Lc 22,7-20: *instituição da Eucaristia.* Jesus perpetua o sacrifício da nova Aliança. Ele é a nova e eterna

Aliança. Sela com a própria vida. A Eucaristia evoca e torna presente na Igreja esse gesto de infinito amor pela humanidade. "A Eucaristia, instituída nesse momento, será o memorial de seu sacrifício – 1Cor 11,25. Jesus manda que os apóstolos a perpetuem e com isso os institui sacerdotes da nova Aliança" (CIC – *Catecismo Igreja Católica*, n. 1406 a 1419).

Não há EUCARISTIA sem a escuta da PALAVRA de DEUS. Alimentar-se da Palavra de Deus é a *primeira e necessária condição* para fazer a Ação de Graças, que é a Eucaristia!

Ez 3,1-3: "Disse-me: 'Filho do homem, come o que tens diante de ti, come este rolo, depois vai e fala à casa de Israel'. Eu abri a boca e ele me fez comer aquele rolo, dizendo-me: 'Filho do homem, alimenta teu estômago e enche tuas entranhas com este rolo que te dou'. Eu o comi e foi em minha boca doce como o mel".

Para **celebrar bem,** precisamos **ouvir** o que o Senhor nos diz:

Jo 4,34: "Meu alimento é fazer a vontade daquele que me enviou e levar a bom termo sua obra".

Jo 6,48.51: "Eu sou o pão da vida... Eu sou o pão vivo descido do céu. Quem comer deste pão viverá eternamente. E o pão que eu darei é minha carne, para a vida do mundo".

A Eucaristia para nós, hoje

a. Reunimo-nos em Comunidade! Não há celebração eucarística sem a presença da Comunidade.

b. Comunidade: lugar de escutar a Palavra de Deus – Ele fala a seu povo, o povo da nova Aliança.

c. Ação de Graças: dizemos juntos nosso muito obrigado pelos benefícios recebidos de Deus. E o maior benefício, a maior bênção para nós é o próprio Cristo, enviado pelo Pai para nossa redenção.

d. Alimentar-se da Eucaristia: transformar-se no próprio Cristo, viver a mesma vida de amor e de renúncia que Ele viveu.

e. Somos peregrinos: enquanto a Igreja caminhar na Terra, ela celebrará a Eucaristia até a vinda do Senhor no fim dos tempos. É o que dizemos, após a consagração do pão e do vinho: "Anunciamos, Senhor, a vossa morte e proclamamos a vossa ressurreição. Vinde, Senhor Jesus!"

Os santos nos deixaram uma grande herança pelo que nos ensinaram sobre a vida de fé e de vivência cristã. No sentido da Eucaristia, elencamos algumas frases muito significativas, nas quais manifestaram a alegria da Eucaristia e o que ela implica em nossa vida:

São João Crisóstomo: "Deu-se todo não reservando nada para si".

São Boaventura: "Ainda que friamente se aproxime confiando na misericórdia de Deus".

São Francisco de Sales: "Duas espécies de pessoas devem comungar com frequência: os perfeitos para se conservarem perfeitos, e os imperfeitos para chegarem à perfeição".

Santa Teresa de Ávila: "Não há meio melhor para se chegar à perfeição".

São Bernardo: "A comunhão reprime nossas paixões: ira e sensualidade principalmente".

São Vicente Ferrer: "Há mais proveito na Eucaristia que em uma semana de jejum a pão e água".

Santo Ambrósio: "Eu que sempre peco, preciso sempre do remédio a meu alcance".

São Gregório Nazianzeno: "Este pão do céu requer que se tenha fome. Ele quer ser desejado".

São Tomás de Aquino: "A comunhão destrói a tentação do demônio".

Santo Afonso de Ligório: "A comunhão diária não pode conviver com o desejo de aparecer, vaidade no vestir, prazeres da gula, comodidades, conversas frívolas e maldosas. Exige oração, mortificação, recolhimento".

Santo Agostinho: "Não somos nós quem transformamos Jesus Cristo em nós, como fazemos com os outros alimentos que tomamos, mas é Jesus Cristo que nos transforma nele".

São Gregório de Nissa: "Nosso corpo unido ao corpo de Cristo adquire um princípio de imortalidade, porque se une ao Imortal".

São João Maria Vianney: "Cada hóstia consagrada é feita para se consumir de amor em um coração humano".

Santa Teresinha: "Não é para ficar numa âmbula de ouro que Jesus desce cada dia do céu, mas para encontrar um outro céu, o de nossa alma, onde ele encontra suas delícias".

Santa Margarida Maria Alacoque: "Nós não saberíamos dar maior alegria a nosso inimigo, o demônio, do que afastando-nos de Jesus, o qual lhe tira o poder que ele tem sobre nós".

São Filipe Néri: "A devoção ao Santíssimo Sacramento e a devoção à Santíssima Virgem são não o melhor, mas o único meio para se conservar a pureza. Somente a comunhão é capaz de conservar um coração puro aos 20 anos. Não pode haver castidade sem a Eucaristia".

Santa Catarina de Gênova: "O tempo passado diante do Sacrário é o tempo mais bem empregado de minha vida".

São João Bosco: "Não omitais nunca a visita a cada dia ao Santíssimo Sacramento, ainda que seja muito breve, mas contanto que seja constante".

Papa Pio XII: "A fé da Igreja é esta: que um só e o mesmo é o Verbo de Deus e o Filho de Maria, que sofreu na cruz, que está presente na Eucaristia e que reina no céu".

SÃO PIO X: "A devoção à eucaristia é a mais nobre de todas as devoções, porque tem o próprio Deus por objeto; é a mais salutar porque nos dá o próprio autor da graça; é a mais suave, pois suave é o Senhor". "Se os anjos pudessem sentir inveja, invejariam-nos porque podemos comungar."

Antes de tudo, de exercer o Ministério Extraordinário da Distribuição da Sagrada Comunhão, compreendamos um pouco mais o mistério eucarístico, mistério pascal, e o amemos com toda a nossa força. Só assim o Ministério será dignamente vivido.

Oração

Senhor Jesus, vós instituístes o sacramento da Eucaristia. Vós nos deixastes o memorial de vosso amor. Vossa presença sustenta-nos, conforta-nos e fortalece.

Obrigado, Jesus, pela vossa presença na Eucaristia.

Obrigado por nos amardes sem reservas.

Nós vos amamos, Jesus, e a vós entregamos nossa vida, nossa família, nosso ministério.

Guiai-nos em vosso caminho e dai-nos vossa misericórdia. Amém.

2
O DOMINGO

Domingo: O Dia do Senhor

Este é o dia que o Senhor fez, exultemos e alegremo-nos nele (Sl 117,24).

Jesus ressuscitou: Fez novas todas as coisas!

Jesus ressuscitou dos mortos no "primeiro dia da semana", conforme nos lembra o evangelista Marcos 16,2: "No primeiro dia da semana, foram muito cedo ao sepulcro, ao nascer do sol". Esse primeiro dia da semana é o dia seguinte ao sábado, para nós o domingo.

A palavra "domingo" significa "o Dia do Senhor". A ressurreição de Jesus foi no domingo, por isso esse dia é importante para os cristãos. Nós o guardamos e respeitamos, porque esse é "o dia que o Senhor fez para nós". Logo no comecinho do Cristianismo, os primeiros cristãos guardavam o domingo em memória da ressurreição de Cristo.

O domingo lembra-nos do dia da ressurreição de Cristo, dia da nova criação!

Esse dia também nos quer lembrar do primeiro dia da criação de Deus, conforme o livro do Gênesis (cf. Gn 1,1-2). Para nós, a ressurreição de Cristo realiza a *nova criação*. Tornou-se assim o primeiro dia, por causa da ressurreição de Cristo e também porque, no primeiro dia da criação, Deus criou o céu e a terra.

Sendo o primeiro dia da semana, é nele a primeira de todas as festas: o Dia do Senhor! Portanto, o domingo é a plenitude de todos os outros dias, é o primeiro, o dia indispensável.

O domingo é o dia indispensável na vida do cristão. É o dia do Senhor!

Deus escreveu em nosso coração sentimentos divinos. No ato criador de Deus, cada um de nós recebeu um pouco de tudo aquilo que Deus é. Por isso sabemos quando estamos fazendo algo certo ou errado. Deus colocou em nós o senso natural da moral. Isso significa que sabemos que devemos prestar nosso culto exterior a Deus, unidos na Comunidade, onde as pessoas se encontram, onde se unem, celebram. O encontro, na Comunidade, torna-se, um ato religioso e legitimamente público. O povo no Antigo Testamento reunia-se para celebrar a Aliança de Deus com ele. Assim também nós, agora em Jesus ressuscitado, reunimo-nos para participar da Eucaristia ou da Celebração da Palavra. Celebrar Jesus ressuscitado é celebrar a nova e eterna Aliança de Deus com seu povo.

A Eucaristia Dominical: A Comunidade se reúne para celebrar, bendizer, louvar o Senhor.

"Não deixemos nossas assembleias, como alguns costumam fazer. Procuremos animar-nos sempre mais" (Hb 10,25).

A celebração da Eucaristia sempre, mas principalmente aos domingos, está no mais profundo do coração da Igreja. Desde aquela quinta-feira, em que Jesus instituiu a Eucaristia, os apóstolos fizeram o que Jesus mandou, assim como as primeiras Comunidades cristãs. Esse salutar costume chega até nós hoje como uma herança irrevogável da memória de Cristo ressuscitado, seu mistério pascal. Esse preceito cristão é guardado por toda a Igreja como o grande dia, o dia da festa junto do Senhor.

A Eucaristia é a celebração da memória pascal de Cristo!

A participação da missa dominical ou da Celebração da Palavra – em que *não é possível a celebração eucarística* –, reunidos em Comunidade, faz brotar o grande "grito" de louvor ao Pai que nos amou eternamente em seu Filho Jesus. Juntos, fazemos nossa prece unidos num só coração e numa só alma. Será que conhecemos algo mais belo, mais sublime do que esse?

A obrigação do Domingo: "Bendito seja Deus que nos reuniu no amor de Cristo".

A participação na celebração eucarística junto da Comunidade nos dá um grande sentido para a vida. Não somos pessoas soltas, guiadas pela própria sorte. Somos Povo de Deus, e ali reunidos nos dá o grande sentido *de pertença, de fidelidade, de comunhão* com Cristo, com a Igreja, com os irmãos todos.

O mandamento da Igreja vem lembrar-nos desse nosso dever de participar da Eucaristia dominical, ou aos sábados, pois a partir da tarde do sábado já se celebra a Liturgia dominical. Portanto, quem participa no sábado, a partir da tarde, já está cumprindo seu dever cristão de participar da Eucaristia.

Participar da Eucaristia ou da Celebração da Palavra – em que não há celebração eucarística – é o que ***devemos fazer!***

Temos o dever de participar da Eucaristia. Às vezes, há motivos justos que nos impedem: uma doença ou o cuidado com uma pessoa doente, uma viagem, dificuldades por causa da idade ou outros motivos justos. É triste quando se pode participar e não se participa. Relativizar a Eucaristia, ou seja, dar para ela o mesmo valor que se dá para qualquer outra coisa, esse é o grande pecado. Eucaristia não é qualquer coisa: É a celebração do cristão! Não posso, portanto, deliberadamente deixar de participar da missa.

Quando não tivermos possibilidade de participar da Eucaristia, procuremos participar da Celebração da Palavra, que há praticamente em todas as Comunidades. É muito importante a Comunidade se reunir para ouvir, meditar e bendizer nosso Senhor, por meio de sua Palavra.

Dia de graça e de interrupção do trabalho: "No sétimo dia, Deus concluiu a obra que havia feito e descansou de todo o seu trabalho" (Gn 2,2).

O Dia do Senhor é também dia para descansar, encontrar-se com a família, para conversar mais descontraidamente, o que não é possível no corre-corre semanal. A vida humana é marcada profundamente pelo trabalho e é necessário o repouso. Isso é querido por Deus.

Nossos dias parecem não mais ter essa visão dominical, e há os que trabalham como se fosse um dia qualquer. Claro que há trabalhos indispensáveis e necessários, mas certamente muitos deles não são necessários aos domingos. Infelizmente, vivemos num mundo marcado pela produção, pelo lucro, e não pelo respeito ao que é digno e divino do ser humano: seu descanso e sua gratidão para com Deus!

Devemos cessar, no domingo, as atividades que poderão ser feitas em outro dia. Há, é compreensível, necessidades familiares ou de grande importância social, que podem ter motivos legítimos para serem executadas aos domingos. Há os que não podem descansar por causa da pobreza e da miséria. Há as boas obras que não só podem como devem ser executadas: cuidar ou visitar doentes, idosos, por exemplo.

O domingo é dia de descanso e também para reforçar nossos laços de amizade com Deus, com a família, com as pessoas que nos cercam!

O domingo é dia de silêncio, de meditação e recolhimento. Não é fácil fazer isso em nossos dias, tão cheios de atividades e possibilidades.

Ninguém poderá ser obrigado a trabalhar aos domingos, aliás, existem leis que exigem o descanso dominical.

O Catecismo da Igreja Católica nos dá a orientação da Igreja sobre o Dia do Senhor, nos números 1166 e 1167.

Podemos dizer que:

a. O domingo é o dia da nova criação, realizada na ressurreição de Cristo.

b. A Igreja celebra com fidelidade e amor o Dia do Senhor, o domingo.

c. Todos nós devemos fazer o esforço necessário para guardar e viver o domingo.

d. O domingo é dia de encontro com Deus, com a Comunidade na celebração da fé.

e. É dia de encontro com a família, de meditação, de silêncio, de encontro consigo mesmo.

f. É dia de participar da Eucaristia ou da Celebração da Palavra, se não houver missa.

g. Precisamos abster-nos das atividades que podem ser deixadas para outro momento.

h. É de direito sagrado o descanso dominical.

i. É dia em que quebramos a rotina diária.

j. É dia de bendizer, louvar e agradecer.

Oração

Senhor, nosso Deus, junto de vós o dia é sem-fim e vosso amor nos toma inteiramente. É tão bom e justo reconhecer a ressurreição de vosso Filho e, unidos na Comunidade, render-vos graças sem-fim.

Guiai-nos na luz de vosso Filho ressuscitado, fortalecei nossa fé e nossa esperança. Faremos todo esforço possível para estarmos presentes na celebração eucarística, principalmente aos domingos. Ajudai-nos, Senhor, a cumprir nosso propósito. Amém.

3
MARIA, MÃE DE JESUS

Maria, presença eucarística

A Eucaristia é uma riqueza que não podemos medir. Se amamos a Eucaristia e a Igreja, não podemos esquecer-nos de Maria, que é Mãe de Cristo, Mãe da Igreja, Mãe de todo o povo de Deus.

O Evangelho, de modo explícito, não fala da presença de Maria na instituição da Sagrada Eucaristia, na noite da Quinta-feira Santa. Mas sabemos pelos relatos do Novo Testamento que ela estava presente junto dos apóstolos (cf. At 1,14). Com toda a certeza ela estava junto da primeira Comunidade que se reuniu depois da Ascensão de Jesus. Ela estava presente, com toda a certeza, nos encontros e nas celebrações eucarísticas realizadas pelos apóstolos, a pedido de Jesus. Os primeiros cristãos eram perseverantes na "fração do pão" (At 2,42).

A atitude interior de Maria era atitude eucarística na totalidade de sua vida. Ela estava em relação completa com o mistério de Cristo. A Eucaristia é um mistério de fé, que vai além da capacidade de nossa inteligência. Nossa inteligência não é capaz de explicar o tamanho e a profundidade desse mistério. Esse abandono de Maria ao mistério de Cristo deve motivar-nos a amar e servir o Cristo com toda a generosidade. Abandonar-nos em Cristo, como fez Maria. Toda vez que participamos da Eucaristia e a Igreja a celebra com veneração e piedade, parece que escutamos Maria nos chamando para sermos obedientes e dóceis ao seu Filho Jesus. Convida-nos a obedecer seu Filho, como nas bodas de Caná: "Fazei tudo o que Ele vos disser" (Jo 2,5). Parece que ela está nos dizendo: "Por que vocês ficam duvidando em confiar em meu Filho? Se Ele transformou a água em vinho, pode transformar seu coração também e muito mais, pode fazer do pão seu próprio Corpo e Sangue". Ele é o Pão da Vida.

Não podemos esquecer-nos da encarnação de Cristo, por obra do Espírito Santo. O ventre virginal e santo de Maria trouxe o Verbo eterno do Pai. A Eucaristia nos mostra a paixão e morte de Cristo, mas também sua encarnação. Maria concebeu o corpo físico de Cristo, como que antecipando o sacramento da Eucaristia, que nós recebemos no sinal do pão e do vinho. Somos também "geradores" do Cristo.

Quando recebemos o Corpo e Sangue de Cristo, respondemos amém! Esse amém é como o *fiat* (*faça-se*) que Maria respondeu ao anjo Gabriel naquele momento da anunciação. Recebemos o mesmo Cristo que Maria recebeu em seu seio virginal e santo. Recebemos o Cristo inteiro, com seu Corpo, Sangue, Alma e Divindade.

"Bem-aventurada aquela que acreditou" (Lc 1,45). No mistério da encarnação do Filho de Deus, Maria antecipou a fé da Igreja, e quando foi visitar Isabel, sua prima, levava em seu seio o Verbo encarnado. Tornou-se o primeiro "sacrário" da vida e da história humana. E ainda mais: Quando seus olhos contemplavam e seus braços maternos acolhiam, e suas mãos afagavam o Menino Deus, não demonstravam o tamanho do amor que precisamos ter para com a Sagrada Eucaristia? Sim, o mesmo amor, pois é o mesmo Jesus, nascido de Maria, que recebemos na Eucaristia.

Maria fez-se presente na vida do Cristo desde a concepção até sua morte na cruz. Esteve sempre ao lado dele. Nunca o abandonou. Viveu a dimensão do sacrifício eucarístico. Ela não fugiu nenhum instante, mesmo sabendo desde a profecia de Simeão (cf. Lc 2,22-35) o que seria aquele Menino que ela trazia em seus braços. Naquele instante, Maria fez uma comunhão de vida e de missão junto de seu Filho e jamais deixou de viver o que ali se prenunciou. Juntamente com Jesus, ela se fez oferta ao Pai, primeiro aceitando a missão que o Pai lhe confiou de ser

Mãe de Jesus, depois caminhando com Jesus na vida e até a cruz, para com Ele ofertar-se ao Pai. A Eucaristia, como o Cristo em Maria, toma nossa vida inteira. Maria continuou essa comunhão eucarística, depois da morte e ressurreição de Jesus, com sua participação na memória pascal de Cristo celebrada pelos apóstolos.

Imaginemos o sentimento de Maria ao ouvir os apóstolos pronunciarem as palavras de Cristo na última Ceia: "Isto é o meu corpo. Isto é o meu sangue". Aquele corpo e sangue, presentes no pão e no vinho, era o mesmo corpo que ela trouxe em seu seio virginal. Imaginemos, ainda, Maria recebendo o Corpo e Sangue de Cristo, a Sagrada Comunhão: Ela acolhia de novo o Filho de Deus que dela nasceu. Nova anunciação. Nova ressurreição. E Maria experimentava, em cada Eucaristia, sua vida inteira vivida junto de Cristo e da vida do Cristo junto dela.

Quando rezamos o *Magnificat*, entendemos a grandeza e a profundidade da vocação de Maria e como ela é a Mulher eucarística. Aquela que trouxe o Filho de Deus continua a louvar o Pai, por meio da Sagrada Eucaristia. Maria foi profundamente eucarística na vida, na paixão, morte e na ressurreição de Cristo.

Maria exaltou os humildes no canto do *Magnificat*: "Derrubou os poderosos de seus tronos e elevou os humildes" (Lc 1,52), lançando o germe da vida nova que Cristo trouxe ao mundo, assim como o próprio Cristo exaltou os humildes e os pobres que compreendiam o mistério de seu Reino revelado aos pequenos e simples (cf. Lc 10,21-22).

Por que recebemos a Eucaristia? Nós a recebemos para que nossa vida seja dom como a vida de Maria, para que nossa vida seja eucarística como foi a de Maria, para que nossas atitudes e ações sejam como um verdadeiro *magnificat.*

Maria nos chama, convida, insiste, como Mãe que é, para que vivamos intensamente o mistério pascal de seu Filho Jesus. Ela nos ensina a estabelecer todos os dias um colóquio íntimo com o Cristo, para que sejamos transformados em força eucarística em nossos dias, às vezes, tão conturbados.

A Igreja se solidifica quando amamos a Eucaristia e fazemos o esforço necessário para vivê-la intensamente. Ela se torna verdadeiramente una, santa, católica, apostólica, templo e família de Deus; torna-se esposa verdadeira de Cristo, pois é o Espírito Santo que a conduz e santifica a Eucaristia. Somos chamados a ser sacramentos do Reino do Senhor. Amemos, pois, a Eucaristia e amemos Maria, a Mulher Eucarística.

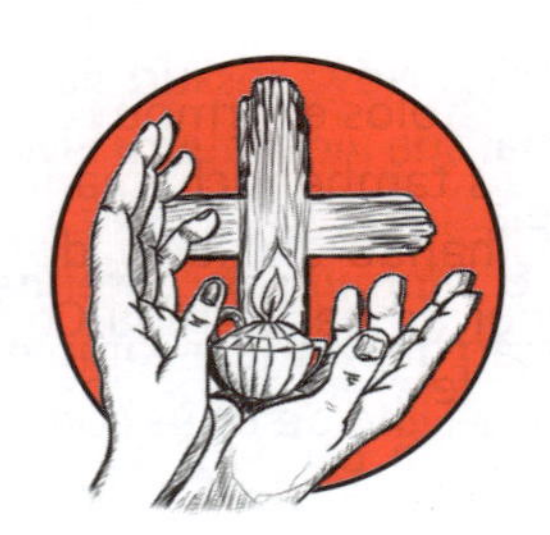

Oração

Maria, sois a Mãe de Jesus e nossa Mãe. Obrigado, Mãe bendita e compassiva, pela vossa presença materna na Igreja e junto de nós. Sois a força do amor. Sois o amparo de que precisamos. Sois a inspiração para continuarmos nossa missão de cristãos. Ajudai-nos, ó Mãe, a viver intensamente nosso trabalho na Comunidade, servindo, como a Senhora nos serviu. Guardai-nos, abençoai-nos. Amém.

4 MINISTROS EXTRAORDINÁRIOS DA SAGRADA COMUNHÃO

Somos chamados por Cristo, pelo sacramento do Batismo, a assumir nosso lugar dentro do Reino de Deus, servindo com amor aos irmãos e irmãs.

Cristo, no início de seu ministério público do anúncio do Reino de Deus, chamou os apóstolos e formou com eles uma Comunidade. Pelo batismo, somos também chamados a assumir a mesma missão de Jesus, trabalhando em favor do Reino do céu. Assim, o Ministério da Distribuição da Sagrada Comunhão é um serviço a ser exercido na caridade e em favor dos irmãos que participam da celebração da Eucaristia ou da Palavra. Portanto, o Ministro da Distribuição da Sagrada Comunhão não exerce uma função de destaque, de distinção, mas de serviço a uma Comunidade reunida em nome de Cristo.

O Ministro da Eucaristia por excelência é aquele que recebeu o sacramento da Ordem: diáconos, sacerdotes e bispos. Na falta deles ou devido ao grande fluxo de pessoas em uma celebração, os Ministros Extraordinários da Sagrada Comunhão assumem a função de distribuir a Sagrada Comunhão.

Quem são os Ministros da Distribuição da Sagrada Comunhão? São homens e mulheres dispostos a exercerem esse Ministério na Igreja, com espírito de caridade para com os irmãos e irmãs.

Quem é que pode ser Ministro da Eucaristia?

a. Todo cristão que tenha maturidade na fé.
b. Podem ser casados legitimamente ou solteiros.
c. Tenha consciência do sentido e significado do sacramento da Eucaristia.
d. Tenha idoneidade em suas atitudes.
e. Distingue-se por seu amor a Deus e a Nossa Senhora e no respeito para com os outros.
f. Não procura a promoção ou distinção pessoal.
g. Tem vida familiar e cristã exemplar.
h. Tem bom relacionamento com todos.

Para exercer esse Ministério, salvo em casos extraordinários, a pessoa necessita passar por um período de preparação, para que tenha mais conhecimento e possa exercer com mais propriedade o Ministério que irá receber da Igreja.

Os Ministros da Eucaristia servem uma ou mais Comunidades, conforme a realidade da Paróquia onde residem, distribuindo a Sagrada Comunhão na Eucaristia ou na Celebração da Palavra, ou em outras celebrações em que ocorra grande fluxo de fiéis e haja a distribuição da Sagrada Eucaristia.

Também eles têm por missão levar a Sagrada Comunhão às casas ou aos hospitais, para pessoas impossibilitadas de estarem presentes na Comunidade por motivos justos, como problemas de saúde; para quem está cuidando de doentes; para pessoas idosas com limitações próprias da idade ou outros motivos justos e legítimos. Devem fazê-lo sempre com piedade e generosidade.

Podem também expor o Santíssimo Sacramento para a adoração, quando não há a presença do diácono ou do sacerdote; mas não podem dar a Bênção do Santíssimo. Terminada a Adoração, também são os ministros que repõem o Santíssimo no sacrário.

Esse Ministério deve ser exercido dentro de determinado tempo, podendo ser renovado por mais determinado período, conforme as normas orientadoras dentro da paróquia ou da diocese.

"O Senhor Jesus, na noite em que foi entregue" (1 Cor 11,23), instituiu o sacrifício eucarístico do seu corpo e sangue. As palavras do apóstolo Paulo recordam-nos as circunstâncias dramáticas em que nasceu a Eucaristia. Esta tem indelevelmente inscrito nela o evento da paixão e morte do Senhor. Não é só a sua evocação, mas presença sacramental. É o sacrifício da cruz que se perpetua através dos séculos. Esta verdade está claramente expressa nas palavras com que o povo, no rito latino, responde à proclamação "mistério da fé" feita pelo sacerdote: "*Anunciamos, Senhor, a vossa morte*".

A Igreja recebeu a Eucaristia de Cristo, seu Senhor, não como um dom, embora precioso, entre muitos outros, mas como o dom por excelência, porque dom dele mesmo, da sua Pessoa na humanidade sagrada, e também da sua obra de salvação. Esta não fica circunscrita no passado, pois "tudo o que Cristo é, tudo o que fez e sofreu por todos os homens, participa da eternidade divina, e assim transcende todos os tempos e em todos se torna presente" *(Ecclesia de Eucharistia, 11).*

5
RECOMENDAÇÕES E CONSELHOS ÚTEIS E NECESSÁRIOS

Está elencada abaixo uma série de atitudes que precisam ser observadas para o bem do Ministério e da Comunidade. Certamente, você poderá colocar alguns outros pontos conforme a realidade de sua Comunidade ou do Grupo do Ministério da Distribuição da Sagrada Comunhão. Essas atitudes, porém, podem ser todas dispensadas, se o ministro estiver consciente do Ministério e do mistério pascal da Eucaristia. O perigo é a rotina que torna tudo comum e não deixa mais aparecer a grandeza que cerca o ministro em uma celebração. Por isso:

1. Assumir com alegria o Ministério. Você presta um serviço à Comunidade, partilhando o Pão do Altar. "Quem comer deste pão viverá eternamente (...)."

2. Não chegar atrasado ou em cima da hora da celebração. É preciso chegar antes, preparar-se para o serviço, vestir o jaleco, lavar as mãos e, principalmente, reservar um tempo em oração diante do Santíssimo Sacramento.

3. Sob a orientação do(a) coordenador(a), saber em que lugar da igreja ou capela você irá distribuir a Sagrada Comunhão ou se terá outra função dentro da celebração.

4. Não ficar conversando na sacristia, pior ainda, ficar contando piadas. É hora de se preparar para a grande celebração, o mis-

tério pascal de Jesus. Por isso, reserve-se em silêncio, em oração, em meditação.

5. Sempre fazer a genuflexão diante do sacrário.

6. Se no dia em que estiver escalado para exercer seu Ministério, não puder comparecer por um motivo justo, comunique-se com seu(sua) Coordenador para que haja substituição.

7. É útil que se tenha uma lista com os telefones de todos os membros do Ministério, para que haja comunicação rápida.

8. Procurar transparecer alegria e fé sempre. Cumprimentar os outros. Fazer-se companheiro dos outros pela amizade cristã.

9. Não ficar conversando no presbitério ou onde estiver, durante a celebração. Fique atento e compenetrado no ato que se realiza na Comunidade.

10. Não faltar com a caridade para com os irmãos e irmãs do Ministério, falando coisas pouco construtivas dos outros ou dos colegas.

11. Quando vencer o prazo determinado para o Ministério, colocar-se à disposição do pároco, conversar com ele sobre isso. Não ficar agarrado ao Ministério nem deixar o pároco em situações difíceis de serem resolvidas. Infelizmente, há os que se acham indispensáveis sempre. Isso não ajuda nem facilita a participação de outros.

12. Quando se realiza a função com dedicação e consciente do Ministério, ajuda-se a construir o Reino de Deus.

13. Viver em comunhão com o pároco e com todos do Ministério.

14. Levar uma vida cristã autêntica, exemplar.

15. Ser dedicado e ter sempre humildade.

16. Ser agente de renovação da vida cristã.

17. Acompanhar a vida da Igreja, os fatos, os acontecimentos.

18. Ter piedade e caridade cristãs e firme espiritualidade eucarística.

19. Procurar sempre fazer uma boa leitura de um bom livro.

20. Viver a união com Cristo, na família, na Comunidade.

Deus abençoa quando tudo é feito com dedicação e com amor a Ele e aos irmãos. As pessoas que participam das celebrações devem sair enriquecidas com as atitudes daqueles que estão à frente da Comunidade. Nada se constrói quando saem entristecidas. Por isso, deve-se assumir esse Ministério com dignidade, empenho e respeito, e ajudar os outros a amar um pouco mais a Deus e a Igreja.

Quando a Igreja celebra a Eucaristia, memorial da morte e ressurreição do seu Senhor, este acontecimento central de salvação torna-se realmente presente e "realiza-se também a obra da nossa redenção". Este sacrifício é tão decisivo para a salvação do gênero humano que Jesus Cristo realizou-o e só voltou ao Pai *depois de nos ter deixado o meio para dele participarmos* como se tivéssemos estado presentes. Assim, cada fiel pode tomar parte nela, alimentando-se dos seus frutos inexauríveis. Esta é a fé que as gerações cristãs viveram ao longo dos séculos e que o magistério da Igreja tem continuamente reafirmado com jubilosa gratidão por dom tão inestimável. É esta verdade que desejo recordar mais uma vez, colocando-me convosco, meus queridos irmãos e irmãs, em adoração diante deste Mistério: mistério grande, mistério de misericórdia. Que mais poderia Jesus ter feito por nós? Verdadeiramente, na Eucaristia demonstra-nos um amor levado até ao "extremo" (cf. Jo 13,1), um amor sem medida *(Ecclesia de Eucharistia, 11).*

6
CUIDADOS E ATENÇÃO EM ALGUMAS PRÁTICAS

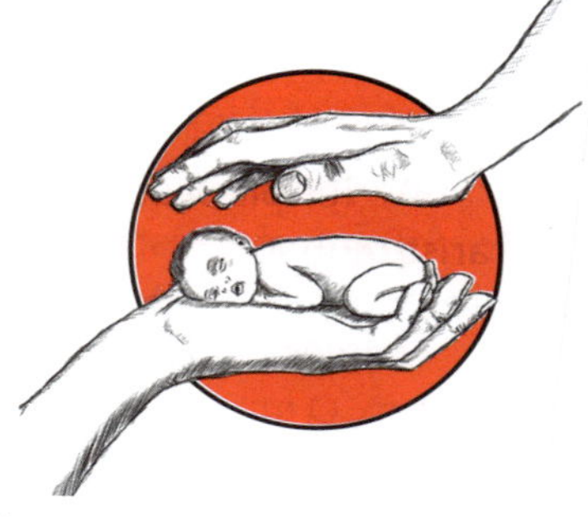

Duas atitudes para pensar e resolver:

1. Conheço a Rosa. Ela mora em São Paulo. Mulher lutadora da vida. Pegava o trem todos os dias para ir ao trabalho. Um dia, encontrei-me com ela descendo do trem e subimos juntos o morro da favela. Passamos em frente a seu barraco, ela entrou, colocou a bolsa em cima da mesa, e continuamos até a capela. Participou da celebração e distribuiu a Sagrada Comunhão.

2. Outro ministro mandou dizer que não poderia ir à celebração naquele dia, porque estava muito ocupado, cuidando de muitas coisas, e não era possível. Mas, na verdade, estava indo para uma festa de amigos e deixou de lado sua obrigação com a Comunidade.

O que achamos desses dois fatos? Qual é o mais edificante?

Estamos prestando um serviço à Comunidade. Não é algo que fazemos quando der, quando tivermos vontad ou outra coisa para fazer. Ou, ainda, de vez em quando aparecemos por lá e reivindicamos o direito de distribuir a comunhão...

Quando não há atenção e respeito para com o Ministério, falta-mos com o respeito para com Deus e com os outros. O Ministério exige atitude de respeito, de cuidado, de dignidade. Deus sabe como estamos agindo, a atitude que estamos tomando. É bom e importante que estejamos atentos e cuidemos de nossa responsabilidade diante de Deus e dos irmãos de Comunidade.

O ministro deve colocar-se dignamente para exercer esse Ministério. O mais fundamental é sua atitude de fé e de amor a Cristo e aos irmãos, o coração brando, misericordioso, acolhedor.

Uma demonstração de nossa fé é a obediência. A desobediência no ministério é sinal de que estamos buscando outras coisas. Quando há necessidade, precisamos dialogar. Obediência não significa andar de cabeça baixa, mas sim buscar o diálogo, sem imposição ou o querer estar acima dos outros. Isso vale para todos os que participam do Ministério, com a função de coordenar ou não.

Este aspecto de caridade universal do sacramento eucarístico está fundado nas próprias palavras do Salvador. Ao instituí-lo, não se limitou a dizer "isto é o meu corpo", "isto é o meu sangue", mas acrescenta: "entregue por vós (...) derramado por vós" (Lc 22,19-20). Não se limitou a afirmar que o que lhes dava a comer e a beber era o seu corpo e o seu sangue, mas exprimiu também o seu valor sacrificial, tornando sacramentalmente presente o seu sacrifício, que algumas horas depois realizaria na cruz pela salvação de todos. "A Missa é, ao mesmo tempo e inseparavelmente, o memorial sacrificial em que se perpetua o sacrifício da cruz e o banquete sagrado da comunhão do corpo e sangue do Senhor" *(Ecclesia de Eucharistia, 12)*.

7

ORIENTAÇÕES BÁSICAS PARA OS MINISTROS DA DISTRIBUIÇÃO DA COMUNHÃO

Práticas necessárias

Elencamos a seguir alguns cuidados ou práticas necessárias no exercício desse Ministério. O externo também ajuda a compreender o ato que se realiza e pode exaltar sua dignidade, se tomamos os cuidados necessários.

1. Cuidado com a limpeza pessoal e o modo de nos vestirmos. Há lugares que têm orientações próprias para o vestir.

2. O uso do jaleco ou semelhante é necessário para que tenhamos distinção de outros ministérios e suas funções na Comunidade.

3. Mãos lavadas, unhas limpas, cabelos arrumados. Não criemos certos rigorismos mais judaicos do que cristãos, por exemplo, não permitirmos que a mulher use esmalte, mesmo suave. São rigorismos inúteis, que nada edificam.

4. O Pão que tocamos com nossas mãos é Jesus, Pão eucarístico. Se temos cuidado com o pão que nos alimenta em cada manhã, muito mais cuidado é necessário com o Pão do altar. O ministro distribui o Pão do altar aos irmãos e irmãs.

5. O ministro, sempre que estiver diante do sacrário ou quando for tomar as âmbulas para a distribuição da Sagrada Comunhão, faça a genuflexão diante do sacrário. O mesmo deve acontecer antes de fechar o sacrário.

6. O modo de comungar: o fiel pode receber a Sagrada Comunhão na mão ou na boca, propriamente na língua. Devemos respeitar os dois modos, mas a comunhão na mão é sempre mais higiênica. Há os que dizem que receber a comunhão na mão é ofensa a Jesus. Mas há os que comungam na boca e não param de falar mal dos outros. O que está mais impuro? Se o coração não está cheio de Deus, não entramos em comunhão verdadeira.

7. Ao estender a mão, o ministro diz: "O Corpo de Cristo", ao que o fiel responde: "Amém", que significa "eu creio, eu acredito".

8. O fiel poderá receber a comunhão em pé ou ajoelhado. Estar em pé é muito significativo, pois significa prontidão, atenção, disposição. Devemos estar sempre prontos e dispostos para o encontro com Deus e a caminhar com Cristo pela vida afora.

9. Quando a comunhão é distribuída fora da celebração da Eucaristia, precisamos deixar sobre o altar: velas, corporal, chave do sacrário, purificatório (a vasilha com água para se purificar os dedos após a distribuição da comunhão).

10. Quando tudo fazemos com amor, jamais erraremos o caminho ou a direção. As orientações sempre nos ajudam, mas a ajuda maior é a bondade, o amor, a misericórdia que o próprio Deus tem conosco. Por isso, Ele é "Deus conosco".

Os membros do Ministério da Distribuição da Sagrada Comunhão precisam viver sempre unidos, na comunhão verdadeira de vida e de Ministério. Um deve interessar-se pelo outro, por seu bem-estar, animando quem anda desanimado, confortando quem está triste...

É importante que nós membros nos façamos presentes na vida, seja no momento de tristeza ou de alegria. A união, os gestos de amor e de misericórdia são de Deus, e nós os manifestamos com nossa presença e amizade junto dos irmãos e irmãs. Pensemos nisso!

Visita e comunhão dos enfermos e idosos

Todos conhecemos os Ministros da Distribuição da Comunhão lá na igreja ou capela, diante da Comunidade, exercendo seu ministério. Mas poucos veem a presença deles junto dos idosos e doentes, levando Jesus presente no Pão Eucarístico para os que estão limitados em sua saúde.

É um belo serviço este: aproximar-se dos doentes, dos que estão sofrendo, dos que estão limitados na idade. Assim fez Jesus. E nós apenas continuamos o que Jesus já fez. Aliás, ao levar a Eucaristia, é o próprio Jesus quem está indo ao encontro dos enfermos ou idosos.

Os ministros podem também visitar e levar a Sagrada Comunhão nos hospitais, casas de repouso... onde há cristãos que desejam receber Jesus Eucarístico.

Com essa bonita ação misericordiosa dos ministros, os enfermos e idosos são acolhidos e são participantes da Paróquia ou da Comunidade. Dentre os muitos trabalhos importantes e necessários, esse não pode faltar e precisa ser cuidado sempre com muito carinho e dedicação.

Coisas práticas, mas necessárias

Ao visitar um enfermo ou uma pessoa idosa, o ministro deve prestar atenção em alguns pontos importantes, a saber:

1. Usar um traje digno, normalmente o jaleco (veste apropriada para o ministro).

2. Não queira ser ministro só na igreja ou capela. Seja missionário ou missionária. Faça o esforço de atender algum enfermo em sua Comunidade.

3. O ministro deve ser um sinal vivo de Cristo, pois o leva vivo na Sagrada Eucaristia. Pense na visita que Jesus fez a Marta e Ma-

ria, na casa de Lázaro, ou a de Nossa Senhora a Isabel: levava Jesus no interior de seu ventre.

4. Se há aparelhos ligados, como a TV, pedir para desligar, para que a celebração transcorra harmoniosamente.

5. Sempre que possível envolver a família, os presentes nesse momento sublime, para que participem. Se há condições, faça também o enfermo fazer alguma parte da celebração, para que participe ativamente: uma prece, por exemplo.

6. Todo enfermo está dispensado do jejum eucarístico (uma hora antes da comunhão). Por isso, mesmo que tenha tomado algum alimento, poderá comungar.

7. Peça para que se deixe um copo com água, para ajudar o enfermo a engolir a Eucaristia, se necessário for.

8. Não apresse a celebração, mas também não a torne demorada. Celebre com dignidade, mas sem delongas.

9. Durante o trajeto até a casa do enfermo, ter discrição, respeito e atitude de oração, pois carrega junto de si o Santíssimo Sacramento.

10. No caminho, ao encontrar algumas pessoas, trate-as com respeito e amabilidade, e se for o caso diga que está com o Santíssimo Sacramento e que depois irá conversar melhor com ela.

11. No caminho para a casa do doente, procure ir rezando, falando com Jesus, no silêncio de seu coração.

12. O Santíssimo é transportado numa peça metálica chamada "teca", envolta num sanguíneo. Normalmente há um tipo de bolsa própria para essa finalidade.

13. É bom orientar a família do enfermo ou do idoso para que deixe preparado um local com toalha limpa, vela acesa e até alguma flor, se for possível. Assim, o ministro coloca o Santíssimo sobre a mesinha, até o momento da comunhão.

14. Se o enfermo não puder comungar a hóstia inteira, fracione-a. Caso ainda seja difícil, pode ser colocada numa colher com água, para facilitar para o doente.

15. Quem está cuidando do enfermo e não pode participar diretamente na Eucaristia também pode comungar.

16. Após a Sagrada Comunhão, purifica-se a teca, se não houver mais enfermos para visitar. Se houver, a teca será purificada quando o último enfermo comungar.

17. A todo enfermo que pedir a Sagrada Comunhão, ela deve ser ministrada. Não cabe ao ministro definir o estado de consciência do doente, ou seja, exigir que se confesse primeiro. Só pode dizer se ele não gostaria da visita do sacerdote, em alguma ocasião. As paróquias fazem momentos próprios de celebração e visitação dos idosos e doentes.

18. É importante certificar-se de que o enfermo esteja consciente do que está recebendo: Jesus no Pão eucarístico. Caso não tenha consciência, devido a seu estado de saúde, ou não possa engolir, deve ser explicado devidamente para a família e evitar de ministrar a Sagrada Comunhão. Se há dificuldades para o ministro fazer isso, transmite-se isso ao pároco, para que ele visite a família e explique devidamente.

19. É importante que se tenha dia e hora certa para visitar o doente. Assim ele se prepara e a família também. Isso deve ser tratado com a família.

20. Seja uma *pessoa eucarística*, amando nosso Senhor, visitando-o sempre que puder no sacrário, falando com Ele, amando-o de todo o coração.

Veja o quanto é útil esse Ministério junto dos doentes, pois eles precisam sentir-se amados e acolhidos pela Comunidade. O ministro não é apenas alguém que exerce uma função, mas deve esforçar-se para estar em verdadeira comunhão de vida com os enfermos e com a Comunidade. Assim, o Cristo torna-se verdadeiramente vivo e presente nas pessoas que o cercam e todos experimentam o amor infinito e misericordioso de Cristo para conosco.

A Igreja vive continuamente do sacrifício redentor e tem acesso a ele não só através de uma lembrança cheia de fé, mas também com um contato atual, porque *este sacrifício volta a estar presente*, perpetuando-se, sacramentalmente, em cada comunidade que o oferece pela mão do ministro consagrado. Deste modo, a Eucaristia aplica aos homens de hoje a reconciliação obtida de uma vez para sempre por Cristo para humanidade de todos os tempos. Com efeito, "o sacrifício de Cristo e o sacrifício da Eucaristia *são um único sacrifício*". Já o afirmava em palavras expressivas S. João Crisóstomo: "Nós oferecemos sempre o mesmo Cordeiro, e não um hoje e amanhã outro, mas sempre o mesmo. Por este motivo, o sacrifício é sempre um só. [...] Também agora estamos a oferecer a mesma vítima que então foi oferecida e que jamais se exaurirá" *(Ecclesia de Eucharistia, 12).*

8
PARTICIPANDO NA MESA DO SENHOR

Você é Ministro Extraordinário da Sagrada Comunhão – MESC. É Ministério, é serviço que você exerce numa Comunidade. Ele tem prioridade, por isso não queira substituí-lo para ir cantar no Coral ou fazer a Leitura e outros mais. É melhor exercer só um Ministério, e fazê-lo bem, que assumir outros e não participar devidamente. Não se dispense nem troque de ministério por qualquer motivo. Há circunstâncias reais e legítimas que podem impedir você de participar; nesse caso é melhor comunicar à Coordenação dos Ministros, para que seja providenciado alguém para seu lugar.

Ame o que você faz, para que possa fazê-lo bem.

Preparar-se para a função ministerial

Há cuidados que devem ser tomados antes da celebração eucarística. É preciso estar consciente de que está agindo em nome da Igreja e não em seu próprio nome. Dar passos certos e ter consciência do Ministério que assumiu é indispensável.

1. Chegue antes, com bom tempo de antecedência do horário da celebração.
2. Vá até o sacrário e coloque-se diante dele cheio de fé e com espírito de doação.
3. Concentre-se para a função que irá exercer.
4. Não fique conversando sobre coisas que podem ser faladas em outra hora.

5. Não é hora de contar piadas ou fazer coisas jocosas.

6. Veja no sacrário se há quantidade de partículas suficientes e, se preciso for, providencie mais partículas para serem consagradas.

7. Combine com os demais ministros a distribuição das funções na celebração (quem vai servir o altar, local da capela ou da igreja, onde cada um vai distribuir a comunhão...).

8. Cuide para que as mãos estejam bem limpas, para não causar constrangimento a quem vai receber a comunhão.

9. Não caia num rigorismo com coisas externas ("Ah, pode tirar seu esmalte da unha, senão não vai distribuir a comunhão"). Isso é rigorismo inútil.

10. Vista o jaleco para participar da procissão de entrada da missa, que já é rito celebrativo.

11. Não fique conversando enquanto espera o início da procissão de entrada.

12. Procure saber como será a celebração, para poder participar bem e melhor. Lembre-se sempre de que o padre é o presidente da celebração, o Ministro Ordinário da Eucaristia.

Procissão inicial

Antes de tudo, cada um deve sentir-se convocado por Deus para servir a seu povo. E, quando há humildade, alegria e simplicidade, Deus faz do ministro seu instrumento. Não se imagine acima dos outros ou o mais importante.

Para que a procissão seja bem harmoniosa, deve-se ter a seguinte ordem:

1. Cruz processional.
2. Coroinhas.
3. Livro da Palavra (Lecionário).

4. Leitores.
5. Ministros da Sagrada Comunhão.
6. Presidente da Celebração.

Quando não há coroinhas, designam-se dois ministros para servir ao altar.

Enquanto se aguarda o início da procissão inicial, ouve-se com atenção a monição inicial da missa feita pelo Animador da Liturgia.

No altar

Subir ao altar como se estivesse subindo num palco de shows não fica bem nem é conveniente. Há uma postura correta para adentrar ao altar. Por isso:

1. Chegando ao altar, se houver Santíssimo, faz-se a genuflexão ou a inclinação (é o mesmo que vênia).
2. O ministro ocupa seu lugar, antes do padre.
3. O padre é o último a subir os degraus do presbitério, o lugar da Igreja, da celebração.
4. Os acólitos, ou quem leva a cruz e o Lecionário, poderão mostrá-los ao povo e, depois, colocá-los em seu devido lugar, a cruz no pedestal e o Lecionário na Mesa da Palavra.
5. Os leitores e salmista devem estar perto ou ao lado da Mesa da Palavra.
6. Evitar movimentação inútil no altar, ficar passando de um lugar para outro, principalmente na hora da homilia e da consagração. Quando for necessário se movimentar, evitar passar às costas do celebrante. Passe diante dele e faça reverência, pois ali no altar o presidente tem a função sacerdotal, é *persona Christi*.

Quando se tem consciência do Ministério, com amor o exerce, então não é preciso dizer muitas coisas. Vá para a celebração com toda a fé e dedicação.

Postura na Liturgia da Palavra

É preciso estar atento a algumas atitudes no momento da Liturgia da Palavra, para que não ocorram inconveniências.

1. Tomar a posição de ouvinte atento da Palavra. Isaías lembra: "O Senhor me deu uma língua de discípulo, para que eu saiba encorajar os desanimados. Cada manhã me desperta, desperta meu ouvido para que eu escute como discípulo" (Is 50,4).
2. Quando se costuma segurar as velas na hora da proclamação do Evangelho, deve-se ficar voltado para o Evangeliário e não para o povo. Terminada a proclamação se retiram honradamente.
3. Durante a homilia não ficar cochichando ou "jogando prosa fora" nem ficar se movimentando, demonstrando para a assembleia que "não está nem aí" ou pouco se importa com a pregação que está sendo feita. Fazer isso é ter uma atitude indecorosa.
4. Lembre-se de que os que estão próximos do altar são motivo de concentração ou desconcentração da assembleia reunida no Senhor.

A Palavra de Deus é manifestação clara da presença e da proximidade do Senhor com seu povo. Por isso, tudo o que se realiza na Liturgia da Palavra é sinal do amor misericordioso de Deus. Quem ama a Deus e ao irmão respeita com serenidade e seriedade esse momento.

Preparação da Mesa Eucarística

Muitas vezes são os Ministros Extraordinários da Eucaristia que preparam o altar. Quando não há acólitos, os sacerdotes podem encarregar os ministros para essa função. Mas lembre-se: Isso ocorre por determinação do presidente da celebração, e não por uma vontade dos ministros. Cada Comunidade e cada sacerdote têm seu modo próprio de proceder nesse momento.

1. Estenda o corporal (pequena toalha sobre o altar) e nele devem ser colocadas as âmbulas (vasilhas que contêm as partículas a serem consagradas). Estender dois corporais somente se houver extrema necessidade. Ao contrário, as âmbulas, o cálice e a patena devem estar sobre um só e mesmo corporal.

2. Dispor as âmbulas de forma harmônica e não espalhadas de forma desorganizada. Elas devem estar ao alcance do olhar do celebrante, diante de seus olhos, e não do lado, aqui ou ali.

3. O mesmo deve ser feito com o cálice ou os cálices, se houver comunhão sob as duas espécies para o povo.

4. As tampas das âmbulas devem ser retiradas e colocadas na credência (pequena mesa ao lado ou perto do altar).

5. As cestas ou outro recipiente da coleta devem ser suficientes para que termine a coleta até antes do *"Orai irmãos..."*.

6. Antes de retirar as cestas, fazer um gesto de oferta diante do altar. Evitar retirar ou colocar as cestas da coleta depois que se inicia a Oração Eucarística.

7. O sanguinho ou sanguíneo (pequeno pano para a purificação do cálice) e o manustérgio (pequeno tecido para enxugar as mãos do celebrante) jamais poderão ser engomados, pois isso dificulta a eficiência deles.

8. Quando houver comunhão sob as duas espécies para o povo, providenciar o número de cálices com vinho suficiente.

Esses pontos não são os essenciais ou fundamentais, mas são importantes, pois a Liturgia é toda feita com alguns detalhes, que ajudam a penetrar no mistério. Isso se chama mistagogia, ou seja, penetrar o mistério da presença de Cristo.

Comunhão Eucarística

A Eucaristia está dividida em dois grandes momentos litúrgicos: a Liturgia da Palavra e a Liturgia Eucarística. Dentro deles há pequenos ritos como: Rito Inicial, Rito da Comunhão e da Despedida.

O Rito da Comunhão é muito bonito, pois, depois de ouvir a Palavra e dar graças ao Pai, por meio de Jesus, somos convidados a participar da Ceia Eucarística. Por isso, é fundamental reconhecer e saber alguns pontos importantes desse momento.

1. O Rito da Comunhão inicia-se com o convite do Presidente para a oração que Jesus nos ensinou: o Pai-nosso. Momento do qual todos os ministros devem participar, rezando com o coração, com a fé em voz alta (sem gritar).
2. Terminado o Pai-nosso, as âmbulas que estiverem no sacrário e que serão usadas na distribuição da comunhão devem ser colocadas sobre o altar. Se necessário for, distribuir as partículas em outras âmbulas. Isso o próprio ministro poderá fazê-lo.
3. No altar, as âmbulas com as partículas consagradas devem ser colocadas sobre o corporal que está em cima do altar. Se necessário for, colocar outro corporal.
4. Após o abraço da paz, os ministros lavam as mãos, se não as tiverem lavado antes. Esse gesto é apenas higiênico, não é litúrgico, por isso deve ser feito com a maior discrição possível, sem chamar a atenção sobre ele.
5. A comunhão vem do altar e não do sacrário. Por isso, um gesto bonito de profunda comunhão eclesial é o sacerdote dar a comunhão ao ministro e entregar-lhe a âmbula com as partículas consagradas para a distribuição ao povo. Porque você está em co-

munhão, põe-se a serviço dos irmãos e irmãs e os convida para estar em comunhão com Cristo.

6. Cuide bem de tudo o que se refere às âmbulas. Compete ao ministro escalado tirar ou recolocar as tampas e o véu sobre as âmbulas que guardarão a reserva eucarística.

7. Quando houver comunhão sob as duas espécies, orientar o povo para estender a mão aberta, para proteger a queda da Hóstia ou do Precioso Sangue. Nesse caso a comunhão deve ser dada diretamente na boca do fiel.

8. A melhor maneira e a mais digna é distribuir a Sagrada Comunhão nas mãos. As mãos são sinais de dignidade em acolher o Corpo de Cristo, como Maria o acolheu no altar do calvário. Ela revela a maturidade na fé, e estender as mãos é fazer o trono para receber o Corpo de Cristo, quando as mãos se apoiam e se estendem para receber a Eucaristia.

9. Evite ficar perguntando: "Quem mais vai comungar?". Isso causa constrangimentos. Deixe simplesmente a pessoa aproximar-se para receber a Eucaristia.

10. Também não se deve jamais dizer: "Quem estiver preparado para receber a comunhão..." Há animador de Liturgia que, às vezes, diz isso. Não cabe nem a mim, nem a você, nem a ninguém, dizer sobre essa dignidade, pois foi o Cristo quem nos mereceu, e não nós.

11. O ministro quando está com a âmbula nas mãos não deve fazer reverência ao Presidente da celebração nem ao altar ou ao sacrário.

12. Quando se está levando o Santíssimo Sacramento, não se deve levar nenhum outro objeto, pois suas mãos são o Trono do Cordeiro imolado.

Uma verdade permanece: tudo o que é feito com amor e respeito permanece sempre, edifica e anima as pessoas na esperança e na união.

Após a comunhão eucarística

São necessários alguns cuidados depois da distribuição da Sagrada Comunhão. Esse cuidado demonstra o carinho que se tem com as alfaias do altar.

1. Coloque imediatamente a tampa e o véu sobre a âmbula que ficará sobre o altar (se houver algum momento propício de adoração ao Santíssimo).
2. Leve imediatamente as demais âmbulas (se houver) para o sacrário.
3. Jamais devolva âmbulas e cálices à sacristia sem que estejam purificados. Se o Presidente ainda não o fez, faça a purificação na credência ou em outro lugar apropriado, em silêncio. Terminada a purificação, tome a água que foi usada.
4. Uma vez colocada a âmbula no sacrário, faça uma reverência, uma vênia ou a genuflexão, antes de fechar a porta do sacrário.
5. Se for necessário, encarregue-se de colocar na Teca (pequeno recipiente de metal para transportar a Sagrada Comunhão). Não é preciso fazer isso sobre o altar, pode ser perto do sacrário.

Terminada essa função, volte para o altar para o término da celebração e continue compenetrado e agradecendo a Deus esse momento tão sublime.

Procissão de saída do presbitério

Segue-se a mesma ordem de entrada. Se houver alguma exceção na ordem de saída, deve ser resolvida com discrição e bom senso. Normalmente a ordem é esta:

1. Cruz processional.
2. Coroinhas (se houver).
3. Leitores.
4. Ministros da Sagrada Comunhão.
5. Presidente da Celebração.

A saída inicia-se com o início do cântico final da celebração.

Fora da celebração

Alguns cuidados externos à celebração e algumas atitudes são necessários e demonstram a atenção para com o que é de Deus. Com as coisas e os objetos que são usados na celebração, deve-se ter sempre muito cuidado e carinho, porque neles se manifesta atenção para com a celebração maior do cristão: a Eucaristia.

1. Cuidar do sacrário para que esteja sempre limpo, tanto externa como interiormente.
2. A reserva eucarística (as hóstias consagradas que ficam no sacrário) não deve ficar mais que duas ou três semanas seguidas. Deve ser consumida e renovada. Por isso cuidar para que não se acumulem partículas consagradas e permaneçam por muito tempo no sacrário.
3. Combinar entre os ministros, de tempos em tempos, a limpeza do sacrário, das âmbulas, dos cálices, das patenas e de outros recipientes sagrados, como as galhetas de água e vinho. Cuidar

com carinho de tudo o que se refere à Eucaristia é um bom sinal do amor para com ela.

4. Se possível, colocar alguma flor natural perto do sacrário, manifestando a beleza do amor de Deus, em seu Filho Jesus.

5. Levar a Sagrada Comunhão para os enfermos com toda a dedicação, fazendo-os sentir o amor de Cristo por eles e a proximidade da Comunidade para com aqueles que experimentam a limitação em sua vida.

6. O Ministro de uma Comunidade poderá ajudar em uma outra Comunidade paroquial, quando for solicitado, se houver disponibilidade para prestar esse serviço. Porém, sua obrigação primeira é com sua própria Comunidade.

7. Quando estiver fora de sua Paróquia, também poderá ajudar na distribuição da Sagrada Comunhão, se for solicitado. O padre do local é quem deverá liberar para isso. Contudo, é bom ter algum cuidado, pois pode ser que o ministro esteja impedido de prestar esse serviço na Comunidade por causa de algum motivo justificado. Portanto, deve sempre haver o bom senso nesses casos.

8. Em celebrações maiores que reúnem muita gente, é preciso o trabalho de equipe, com distribuição de funções e previsão do que será necessário, como: quantidade de partículas, número de ministros e de âmbulas, previsão da distribuição dos ministros no espaço celebrativo para que facilite o máximo para o povo, local para guardar o Santíssimo e outros pontos, que poderão ser previstos conforme a realidade da celebração e do local.

Certamente, há situações imprevistas, e usando de critérios e bom senso se poderão resolver tais situações a contento. O fundamental é fazer tudo com muita dedicação.

9
ORIENTAÇÕES GERAIS

As Orientações Gerais norteiam pontos fundamentais para os Ministros Extraordinários da Sagrada Comunhão e devem ser adaptadas e acrescentadas conforme a realidade de cada Comunidade.

O Ministro Extraordinário da Sagrada Comunhão

O Ministro Extraordinário da Sagrada Comunhão é um homem ou uma mulher designado(a) em uma Comunidade para exercer esse Ministério extraordinário. É um Ministério, portanto um serviço prestado a uma Comunidade reunida no Senhor, para celebrar o mistério pascal de Jesus.

São pessoas conhecidas que ou participam da mesma Paróquia ou Comunidade cristã. Nesse ministério deve estar presente e vivo o desejo sincero de viver em comunhão fraterna, em união, em compromisso e solidariedade. O Ministério não é para buscar distinção ou algum lugar de importância dentro da Comunidade. *É serviço.*

Quando se é chamado ou convidado para tomar parte diretamente desse Ministério, seja por meio do convite do próprio pároco ou de algum membro da Comunidade, é preciso entender que não é uma pessoa quem está chamando, mas o próprio Cristo é quem convida para estar junto dele nesse serviço ministerial. Também a pessoa é chamada para olhar atentamente os mais abandonados, os enfermos principalmente, para os quais vai exercer esse Ministério.

Desejar distribuir a Sagrada Comunhão somente na igreja ou capela é contradizer essencialmente esse Ministério. Isso é sinal de que não se está apto a exercê-lo. O primeiro e mais importante propósito nesse Ministério é atender os mais abandonados, os doentes. Eles, às vezes, estão abandonados até pela própria família. Quando o ministro vai ao encontro de um doente, vai em nome da Comunidade, do Corpo de Cristo, portanto é toda a Igreja que vai ao encontro do irmão ou irmã doente.

Essa atitude de fé é a manifestação de que, de fato, está apto para exercer esse Ministério, ama a Cristo e a Ele serve com generosidade. O Evangelho é o fundamento que guia e sustenta o ministro e o motivo maior que o leva a servir os irmãos e irmãs.

A vocação do Ministro Extraordinário

Onde se fundamenta a vocação do Ministro Extraordinário da Sagrada Comunhão? Fundamenta-se na Palavra de Deus que o chama, que o convoca para ser seu Povo. Mas não um povo qualquer, e sim o novo Povo de Deus, formado pelo Cristo, a partir do chamamento dos doze primeiros discípulos.

Deus conhece mais você do que você mesmo. Seu Filho veio para dar a você a vida e quer vê-lo com vida. Sua Palavra, o Evangelho, vincula o ministro nele e em sua verdade eterna. A Palavra de Cristo não passará jamais.

Por isso, quem abraça esse Ministério reconhece o Senhor em sua vida e tudo faz para amá-lo com intensidade. O Ministro Extraordinário da Sagrada Comunhão reconhece que:

- O Senhor o conhece desde a concepção materna – Jr 1,4-10.
- Ele o chamou e o destinou em seu amor – Jo 15,16-17.
- Ele é quem faz tudo acontecer, a vida germinar – 1Cor 3,6-8.

– Ensina-o a servir em primeiro lugar – Mt 20,27.
– Ele veio para lhe dar a salvação, a vida – Mt 20,28.
– Lavar os pés é próprio dos humildes e de quem ama – Jo 13,1-15.

Portanto, a vocação do Ministro Extraordinário da Sagrada Comunhão está na Aliança de amor que o Senhor fez com ele em seu Filho Jesus Cristo.

Orientação da Igreja no exercício desse Ministério

1. Para auxiliar na distribuição da Sagrada Comunhão, sejam escolhidos homens e mulheres para o serviço de Ministros Extraordinários da Comunhão Eucarística, que devem ser devidamente preparados pelo pároco e seus auxiliares.

2. É necessária a devida aprovação do Bispo Diocesano ou do Pároco aos nomes indicados em lista apresentada com a devida antecedência, com o nome, a idade e o estado civil. Uma vez aprovados e investidos, a Cúria ou a Paróquia fornecerá ao ministro uma carteira de identificação.

3. Sejam escolhidas para esse ministério pessoas de comprovada idoneidade, de vida comunitária exemplar, fervorosas de espírito, isentas de qualquer situação desabonadora. Os casados sejam de famílias bem constituídas. Pessoas de vida matrimonial irregular não podem ser escolhidas para tal ministério.

4. No caso de solteiros, além dos requisitos mencionados acima, exige-se uma idade mínima e que demonstrem a devida maturidade para exercer esse Ministério.

5. Dada sua especial importância, o Ministério Extraordinário da Sagrada Comunhão exige uma preparação adequada sobre os quesitos e requisitos próprios desse Ministério.

6. O serviço do altar deve ser feito pelos acólitos e coroinhas. Na falta desses, os ministros podem exercer esse serviço.

7. Os ministros estejam, no exercício de suas funções, revestidos de veste litúrgica (jaleco).

8. Após a preparação do ministro para o exercício desse Ministério e de sua devida aprovação pelo Pároco, organiza-se o Rito de Investidura perante a Comunidade, dentro da Celebração Eucarística.

9. Esse rito deve conter a profissão de fé e o compromisso de fidelidade dos novos ministros. A veste litúrgica (jaleco) poderá ser entregue dentro desse rito, depois da profissão de fé e de compromisso.

10. O tempo de duração do exercício do Ministério Extraordinário será de três anos, podendo haver a renovação, para a mesma pessoa, apenas para mais um período sequente. Tendo observado um intervalo de três anos sem exercer o ministério, tal pessoa pode ser reapresentada pelo pároco, caso seja necessário. Casos especiais dependem da autorização do pároco.

11. Por motivos graves de conduta pessoal, o pároco deve comunicar ao ministro a suspensão imediata de seu ministério.

12. É função do ministro levar a comunhão eucarística para os enfermos. Para isso é necessário que haja uma integração dos trabalhos com a Equipe da Pastoral da Saúde.

13. Cuide o ministro de verificar se os enfermos estão devidamente preparados para a comunhão eucarística e de motivá-los para a confissão sacramental. Mas a primeira instância é a da consciência do enfermo, e não é o ministro quem deve dizer se pode ou não pode comungar. A palavra é a do enfermo em sua consciência diante de Deus.

14. A comunhão aos enfermos deve ser ministrada em uma pequena celebração da qual não falte a proclamação da Palavra. Os familiares são convidados a participar, sendo permitido ministrar

a comunhão também a eles, caso desejem e estejam preparados, principalmente quem cuida daquele enfermo.

15. Não se permite aos ministros a conservação das espécies eucarísticas em suas residências. As partículas não consumidas deverão ser recolocadas no sacrário imediatamente.

16. O ministro deve cuidar bem e harmoniosamente de sua veste litúrgica e do sacrário.

17. Os seminaristas só podem exercer esse Ministério se forem devidamente investidos.

Responsabilidades no exercício desse Ministério

– Da organização

1. Poderá haver de um a três coordenadores gerais dos ministros extraordinários e um(a) coordenador(a) em cada Comunidade. Os coordenadores desse Ministério nas Comunidades formarão o Conselho Paroquial dos Ministros Extraordinários da Sagrada Comunhão e serão os responsáveis para coordenar as reuniões com todos os ministros e em cada Comunidade, além de outras iniciativas e acompanhamento dos membros desse Ministério.

2. O pároco ou o sacerdote será o responsável pelos Ministros Extraordinários, será o responsável primeiro de todos os ministros e trabalhará juntamente com a Coordenação-Geral (Conselho dos Ministros). Juntos tomarão as decisões e os encaminhamentos necessários para o bom desempenho desse Ministério.

– Do tempo de Ministério

1. Cada ministro terá o exercício desse Ministério pelo período de três anos (ou conforme a orientação de cada Diocese ou Paróquia), podendo ser renovado, conforme decisão do pároco ou

do Conselho Geral, para mais três anos consecutivos. Depois de um período de vacância, esse ministro poderá ser convocado ou reapresentado pelo pároco. Casos especiais dependem da autorização do pároco.

2. Se houver atitudes inconvenientes, seja no exercício do Ministério ou fora dele, que não condizem com essa função, o Pároco poderá afastar o ministro desse Ministério mesmo sem prévia consulta da Coordenação-Geral.

Do uso de vestimentas

1. O Ministro Extraordinário da Sagrada Comunhão usará trajes decentes e condizentes com seu Ministério. Cada paróquia poderá definir se haverá ou não um traje próprio para os ministros, no exercício de sua função. O pároco e o Conselho de Ministros e/ou a quem de direito definirão sobre essa necessidade ou não. O uso do jaleco, porém, jamais deve ser dispensado e é conveniente em qualquer circunstância, por demonstrar a presença desse Ministério na Comunidade. Os Ministérios são uma riqueza da Igreja peregrina.

Da atitude pessoal

1. A atitude do ministro antes, durante e depois da celebração deve ser coerente com sua função: amor, compaixão, simplicidade, acolhida, prontidão, companheirismo, disponibilidade, desprendimento, humildade, respeito, consciência do mistério que se celebra.

2. As conversas que antecedem as celebrações devem ser rigorosamente evitadas. Enquanto se espera a formação para a procissão de entrada ou nos momentos que a antecedem, não deve haver conversa desnecessária.

3. Cada ministro cuidará de seu jaleco e o usará sempre que estiver no exercício desse Ministério, seja nas celebrações ou no atendimento dos doentes.

4. A Eucaristia é o Mistério Pascal de Jesus. O ministro fará dessa verdade a fonte de fé e de inspiração para sua vida e a de sua família. Por isso, terá imenso amor para com o Santíssimo Sacramento, como também procurará aprofundar a compreensão dele por meio de leituras e de meditação do Evangelho.

5. Procurará compenetrar-se por meio da oração nos momentos que antecedem o início da celebração eucarística, para que sua presença seja expressão ou sinal de fé e de confiança em Cristo.

6. Procurará ser companheiro, estando sempre pronto para ajudar o outro ou substituí-lo em suas necessidades, como também à disposição do espírito fraterno e de união que deverá reinar entre todos os ministros.

Do número de Ministros

Cada Comunidade terá um número suficiente de ministros para atender às necessidades da Comunidade e o acompanhamento dos doentes. A realidade de cada Comunidade ou Paróquia é que determinará o número suficiente de Ministros Extraordinários da Sagrada Comunhão.

As *Diretrizes Gerais* não se primam em detalhes, evidentemente. Esses deverão ser vistos conforme a realidade paroquial local, formada pela rede de Comunidades. O pároco como ponto de unidade da Igreja na Paróquia, juntamente com seu Conselho e/ou com quem de direito julgarão e implantarão o que for necessário para o bem do povo de Deus. Porém, são o amor, a solidariedade e a vontade de servir com sinceridade a Cristo, nos irmãos e irmãs, que devem estar em primeiro lugar. Esse detalhe jamais poderá faltar na organização dos ministros e na vida pessoal de cada um deles.

10
SÍMBOLOS LITÚRGICOS

(Símbolos usados nas Celebrações Litúrgicas)

Cada um de nós é ao mesmo tempo uma realidade corporal e espiritual. O Senhor nos criou humanos, mas deseja que vivamos a vida divina, enquanto peregrinamos na terra.

Diante dessa nossa realidade humana, nós nos comunicamos por meio de sinais ou símbolos. Desde que o homem e a mulher estão na face da terra, assim se comunicam, e é impossível para o ser humano viver sem se comunicar.

Percebemos as coisas e as expressamos com nossa linguagem humana, às vezes silenciosamente, como o artista ao conceber e realizar sua obra. Depois de feita, compreendemos sua mensagem, sua comunicação.

É próprio do ser humano também tomar consciência ou ter uma percepção da realidade transcendente, a do espírito, e procurar manifestá-la por meio de símbolos ou sinais. O símbolo manifesta aquela realidade do mistério, em silêncio, sem linguagem propriamente dita. Sua linguagem é silenciosa.

Assim, na Liturgia, nós expressamos esse mistério por meio dos símbolos e, junto deles, manifestamos nossa fé e nosso amor a Deus. Eles são indispensáveis para a compreensão e vivência de nossa fé em Cristo. Eles manifestam de maneira simples o que celebramos com tão grande profundidade. Tornam visível o invisível.

Mas se um símbolo usado na Liturgia não nos ajuda na vivência e na profundidade do mistério ou é porque ele não tem força simbólica, ou estamos falhando em nossa compreensão do que estamos celebrando. Por exemplo: a batina que os padres usavam diuturnamente, o véu que as mulheres usavam na cabeça para comungar, o véu que as meninas usavam quando iam fazer a primeira comunhão... Com o passar do tempo, esses sinais ficaram para trás, pois fomos compreendendo a realidade de outro modo e de modo mais profundo: a fé vivida com intensidade em nossa interioridade. Esses símbolos não eram fundamentais. Querer fazer renascer esses símbolos, que já não nos ajudam, não é uma boa iniciativa.

Na Liturgia há símbolos ou sinais que jamais poderão ser dispensados: Pão e Vinho, Altar, Mesa da Palavra, Assembleia reunida, Sacerdote, Ministérios dentro da celebração litúrgica, para citar alguns. Tudo, porém, deve levar-nos para o mistério de Deus, de seu amor, de sua presença entre nós, principalmente por meio de seu Filho Jesus Cristo.

O que é mais fundamental na Eucaristia: descobrir e redescobrir a presença do Cristo ressuscitado, seu mistério pascal. Aí está o centro de todos os símbolos que usamos na Liturgia: eles devem conduzir-nos para o mistério pascal de Cristo. Por isso, quando introduzimos outros símbolos em uma celebração litúrgica, precisamos estar muito conscientes dessa realidade insubstituível de nossa fé: o Cristo ressuscitado. Tudo deve convergir para Ele e não para nós mesmos.

Para compreendermos esses símbolos e sua função, veremos alguns dos principais objetos e sinais que usamos na Liturgia.

Alfaias: A Igreja preocupa-se com a dignidade do mistério que celebramos. Assim afirma a *Sacrosanctum Concilium*: "Com especial zelo, a Igreja cuidou que as sagradas alfaias servissem digna e belamente ao decoro do culto, admitindo aquelas mudanças ou na matéria, ou na forma, ou na ornamentação que o progresso da técnica da arte trouxe no decorrer dos tempos" (122c).

Alfaias é o conjunto dos objetos litúrgicos que são usados na celebração: o templo, o altar, as vestes e paramentos, os livros litúrgicos, as imagens, o sacrário, o cálice e patena, o pão e o vinho, as toalhas... Alfaias são todas as coisas que nos ajudam a celebrar com dignidade o mistério pascal e a aproximar-nos do divino por meio desses sinais sagrados.

Portanto, esses objetos devem ser cuidados com carinho, deixando-os bem guardados e limpos. Esse ato expressa o cuidado que temos para com as coisas do altar e de Deus.

1. Livros Litúrgicos: São os livros próprios usados na celebração eucarística. São os livros do altar; portanto, o altar não é lugar para colocarmos "isto ou aquilo e mais alguma coisa". São eles:

1.1. Missal: contém as orações próprias da Eucaristia, todo o Rito Eucarístico e as orientações próprias de cada parte, chamadas *rubricas.*

1.2. Evangeliário: contém o Evangelho das celebrações dominicais e das solenidades importantes. O Evangeliário é introduzido na procissão inicial da celebração eucarística, seja dominical ou solenidade. Ele deveria ser sempre entronizado em nossas celebrações, até mesmo mais que a própria Bíblia, pois o Evangelho é a realização de todas as promessas do

Antigo Testamento e a Palavra de todas as palavras. É a própria Palavra revelada: Jesus! Ele exalta um momento importante que se realiza na Comunidade.

1.3. Lecionário: contém a Palavra de Deus (Leituras) e o Evangelho de cada celebração. Os textos bíblicos e o Evangelho são próprios de cada memória, solenidade ou festa que se está celebrando. São três os *Lecionários* usados:

– **Lecionário Dominical:** contém as Leituras dos domingos e de algumas solenidades e festas.

– **Lecionário Semanal:** contém as Leituras dos dias da semana, e divide-se em *ano par* e *ano* ímpar. A primeira Leitura e o Salmo Responsorial estão divididos conforme o ano (*ano par* ou *ano* ímpar). O Evangelho é o mesmo durante a semana, para os dois anos, salvo se houver alguma solenidade ou memória com Leituras e Evangelho próprios.

– **Lecionário Santoral:** traz as Leituras, Salmos e Evangelho próprios da celebração dos Santos, como também o que é próprio na celebração dos Sacramentos e nas diversas circunstâncias.

2. Espaço celebrativo: é o espaço que nossos olhos vislumbram logo ao entrar na igreja. Nesse espaço se realiza a celebração do mistério pascal de Jesus. Embora já estejamos acostumados a ver o que ele contém, é importante saber:

2.1. Altar: tem a forma de mesa ou altar quadrilátero. Sobre ele se realiza a celebração eucarística, a partir do Ofertório. Ele é o centro da celebração (e não o monitor que está em algum lugar da igreja). Dele emana a graça redentora de Cristo. Ele é fonte e para ele devem convergir nosso olhar, nosso coração, nossa atenção, nossa vida. Nele se renova o sacrifício redentor de Cristo.

2.2. Mesa da Palavra (ou Ambão): é o lugar de onde se proclama a Palavra do Senhor. Nela se fazem a Leitura (ou Leituras), o Salmo Responsorial, o Evangelho e as Preces da Comunidade (as Preces não podem ser feitas na estante do Animador, pois são partes integrantes da Liturgia da Palavra. Mudar seu lugar é negligenciar sua importância e significado. A Prece da Comunidade nasce da Palavra ouvida e refletida). O Animador poderá ter sua estante para facilitar, mas não deve estar no presbitério. O lugar do Animador é no mesmo nível do povo. Não confundir a estante do Animador com a Mesa da Palavra – são totalmente distintas.

2.3. Credência: é uma pequena mesa ou outro móvel adequado, que fica mais próximo do altar, onde se colocam as âmbulas, o cálice e patena, jarro, água, toalha, que serão levados para o altar, a partir do momento da preparação das Oferendas.

2.4. Presbitério: é todo o espaço que circunda o altar. Nele se realizam os Ritos da Eucaristia ou de outros sacramentos, como o matrimônio, a ordenação presbiteral ou episcopal. Presbitério significa "o lugar da Igreja e de seus ministros". Quando se diz que o bispo se reuniu com seu presbitério, significa que se reuniu com os sacerdotes de sua diocese, por exemplo. É o lugar da unidade, da decisão, da realização da vontade e do mistério de Cristo.

2.5. Nave da igreja: é o espaço para além do presbitério onde a assembleia se reúne, como irmãos e irmãs, como família, como povo convocado pela Palavra do Senhor. É o espaço dos cristãos, dos jovens e das crianças, dos adultos, das famílias. O grande tom que há nesse espaço é o da familiaridade, somos próximos uns dos outros na mesma fé em Cristo.

2.6. Sacrário: também é chamado de Tabernáculo. É o lugar especial onde fica a reserva eucarística (as hóstias consagradas para serem distribuídas aos fiéis ou serem levadas aos enfermos). É o lugar onde está o Santíssimo Sacramento, lugar apropriado e que deve ser cuidado com dignidade e amor. Há igrejas que têm a Capela do Santíssimo, onde está o Sacrário. Diante dele nos colocamos em prece silenciosa e meditativa. É um hábito salutar, ao chegar à igreja, ir até a Capela do Santíssimo e permanecer um instante em oração silenciosa.

3. Objetos Litúrgicos: São os objetos próprios usados na celebração eucarística. Eles favorecem o desenvolvimento e os cuidados próprios que são necessários na celebração. Cuidar bem deles, deixá-los sempre muito limpos, são sinais de nosso amor para com as coisas do altar. Mas o essencial, o mais importante, é a consciência do mistério do qual estamos participando. A presença do Senhor no meio de seu povo não necessita de adereços, pois o Senhor vem ao encontro de cada um de nós. Por isso, mesmo que os objetos litúrgicos sejam úteis e necessários, eles não são os mais essenciais.

3.1. Cálice: é um vaso sagrado que guarda o vinho que será consagrado e que se tornará o Sangue de Cristo – preciosíssimo Sangue.

3.2. Patena: é um pequeno "prato", normalmente feito de algum metal, que guarda a hóstia magna (a hóstia maior que o celebrante eleva ao céu no momento da consagração).

3.3. Corporal: é um pano branco em forma de uma pequena toalha, normalmente quadrangular, que é estendido sobre o altar no momento da preparação das Oferendas. Sobre ele são colocados o cálice, a patena e as âmbulas com as partículas a serem consagradas.

3.4. Sanguíneo ou Sanguinho: é um tecido retangular usado para a purificação do cálice, âmbulas, patena.

3.5. Manustérgio: outro tecido preparado para o sacerdote enxugar as mãos depois do lavabo (no final da preparação das Oferendas, o sacerdote lava suas mãos, pedindo que o Senhor o purifique de seus pecados).

3.6. Âmbula: é um recipiente preparado para conter as partículas que serão consagradas e distribuídas ao povo, bem como para conservar a reserva eucarística. Também é chamado de Cibório.

3.7. Cibório: normalmente é maior que a âmbula. Tem ainda a *píxide*, uma peça de metal própria para guardar a hóstia magna (normalmente para a exposição e adoração ao Santíssimo).

3.8. Galhetas: são dois recipientes próprios para a água e o vinho, na celebração eucarística.

3.9. Hóstia: é o Pão do altar, feito de água e farinha, simbolizando os pães ázimos (*pão não fermentado*). Há as hóstias menores, para a distribuição aos fiéis, e a hóstia maior, que dá mais

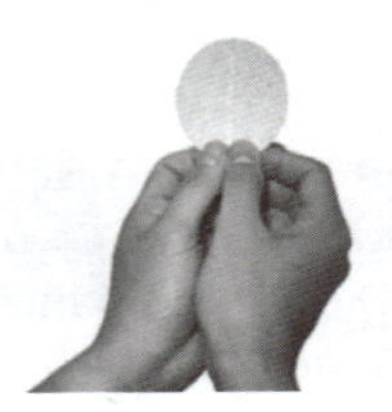

visibilidade a toda a assembleia, chamada *hóstia magna*, que é usada no altar e depois partilhada.

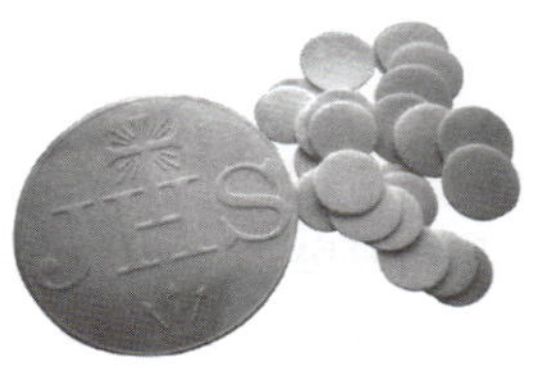

3.10. Partículas: são as hóstias destinadas à comunhão dos fiéis.

3.11. Reserva eucarística: são as hóstias consagradas que ficam na reserva, ou seja, no sacrário, para serem levadas aos enfermos, para as visitas que o ministro faz a Jesus Sacramentado ou para a adoração com toda a Comunidade. Os ministros devem cuidar para que a reserva eucarística seja consumida em poucos dias. Esse cuidado é necessário e importante.

3.12. Véu de âmbula: o próprio nome já diz o que é, um pequeno véu (o que vela, esconde) feito de algum tecido próprio que cobre a âmbula e demonstra nosso amor, nosso cuidado e carinho para com a presença de Jesus no Pão consagrado. Traz um simbolismo muito significativo: Jesus é aquele que *revela*, ou seja, *tira o véu*, e manifesta o amor do Pai para conosco e nossa salvação. Mostra-nos o tesouro da plenitude da vida, que é o próprio

Cristo, o tesouro da eternidade. Há povos e culturas em que a mulher usa véu, como as mulheres islâmicas, e seu uso tem significado também.

3.13. Pala: pequeno cartão quadrangular, firme, revestido de algum tecido, que serve para proteger principalmente o cálice com o vinho, evitando assim que caia nele algo indesejado.

3.14. Teca: é um recipiente pequeno, normalmente de metal, que guarda algumas partículas consagradas, para serem levadas aos enfermos. Pode ser também num tamanho maior, para ajudar na distribuição da Sagrada Comunhão em celebrações maiores.

3.15. Caldeirinha e aspersório: pequeno recipiente que contém a água benta e um pequeno instrumento de metal chamado *aspersório*, usado para aspergir (molhar com pequenas gotas) na bênção das pessoas e dos objetos religiosos.

3.16. Castiçal: é uma peça de metal que serve como suporte das velas.

3.17. Candelabro: pode ser também de metal e contém vários suportes para neles serem colocadas as velas. O *castiçal* é para o uso de apenas uma vela. O *candelabro* é para o uso de várias velas. Tanto o *castiçal* como o *candelabro* trazem a luz, símbolo do Cristo ressuscitado, luz do mundo.

3.18. Bacia e jarra: recipientes usados na Liturgia no momento do *lavabo*, depois da apresentação das Oferendas.

3.19. Círio pascal: é uma vela grande, introduzida com muita solenidade na Vigília Pascal, símbolo do Cristo ressuscitado, Luz que brilhou no meio das trevas do mundo. É aceso na Liturgia durante o Tempo Pascal e na Celebração do Batismo. É um símbolo muito bonito e significativo para a Comunidade cristã reunida no Cristo ressuscitado.

3.20. Cruz processional: é a cruz que guia a *procissão inicial* na celebração eucarística. Aliás, a procissão inicial já é Liturgia e *não um desfile dos que irão participar ativamente na celebração*

(leitores, coroinhas, acólitos, ministros). No altar também se pode ter uma pequena cruz, lembrando o amor doado de Cristo e a salvação que Ele nos trouxe. No altar, renovamos o amor salvador do Senhor.

3.21. Velas: devem ser colocadas ao lado do altar, lembrando-nos de que no altar se realiza o sacrifício redentor de Cristo e que sua Luz, que é vida e salvação, brilhou na noite da Páscoa. Ele é nossa Páscoa e nossa Luz, a vida nova e em plenitude.

3.22. Ostensório: peça normalmente dourada e ornada, usada para a exposição do Santíssimo, quando fazemos a adoração ou a bênção de Jesus Sacramentado.

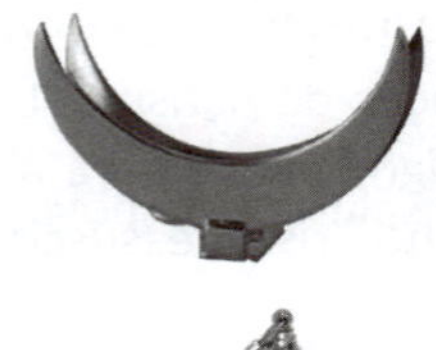

3.23. Luneta: é uma peça dentro do ostensório onde se coloca a hóstia consagrada. Tem a forma de uma meia-lua, por isso, chama-se *luneta*. Essa peça é móvel.

3.24. Turíbulo: é um instrumento próprio para as *incensações* nas celebrações. Contém um vaso que comporta as brasas acesas e sobre elas é colocado o incenso, de onde exala o odor perfumado, lembrando-nos da prece agradável que sobe aos céus.

3.25. Incenso: é uma resina perfumada, extraída de vegetais ou de plantas aromáticas, usada sobre brasas, nas celebrações solenes.

3.26. Naveta: é um recipiente próprio para transportar o incenso que é usado no turíbulo, nas solenes celebrações eucarísticas ou na bênção do Santíssimo e ainda em outras ocasiões significativas.

4. Outros símbolos litúrgicos: Da natureza criada por Deus nos vêm símbolos importantes de nossa fé e usados em nossas celebrações. Compreender seu significado ajuda-nos a celebrar melhor e vivenciar mais intensamente nossa fé.

4.1. A água: é símbolo de vida, da vida nova, de libertação, de salvação. O povo hebreu foi libertado da opressão na travessia do mar Vermelho, e nós fomos libertados pelo *Batismo*, sacramento que nos trouxe a vida divina – renascemos para a vida nova e morremos para o pecado e para tudo o que vem ferir a dignidade do ser humano. Esse é o desejo de Cristo. Também é usada na Liturgia no momento do *lavabo*, da *aspersão* do povo. A água simboliza a bênção de Deus, que sustenta a vida, e deve, mais do que nunca, ser bem cuidada. São Francisco chamou a água de *irmã*.

4.2. O fogo: o símbolo do fogo é bastante forte. Ele ilumina, purifica, aquece. Quando ateamos uma pequena chama de fogo, ele pode expandir-se indefinidamente. As chamas das tochas acesas conduziram o povo de Israel na noite do deserto. Traz a força do infinito. É símbolo do amor, pois, como o amor, a tudo aquece, muda, transforma. É símbolo da presença do Espírito Santo, amor eterno do Pai, como "um *fogo devorador*". Na noite da Vigília Pascal ele é abençoado e nos remete à viva chama que é Cristo ressuscitado. É usado no *turíbulo*, nas velas do altar ou em outros momentos em que manifestamos nossa fé.

4.3. A luz: o símbolo da luz é imensamente significativo, pois ela dissipa toda a treva, como a luz do sol espanta a noite e traz o dia. Mas ela expressa fundamentalmente o *Cristo, nossa Luz*. É Ele quem nos ilumina sem cessar com sua bondade, sua misericórdia e seu amor. Ele é a Luz da eternidade que brilhou no meio do mundo. Por isso, a Vigília Pascal inicia-se no escuro, evocando esse sentido da plenitude da luz que é o Cristo ressuscitado. Sabemos da importância da luz quando estamos na escuridão. Sabemos da importância da luz da misericórdia divina, quando precisamos e experimentamos o perdão de Deus.

4.4. O óleo: os Santos Óleos, tirados da natureza e abençoados na Quinta-feira Santa, na chamada *Missa do Crisma*, são abençoados pelo bispo, reunido com todos os sacerdotes de sua diocese. Nesse dia são abençoados: o Óleo dos Catecúmenos usado na Liturgia do Batismo, o Óleo do Crisma usado nos sacramentos do Batismo, do Crisma e da Ordem (ordenação sacerdotal e episcopal), o Óleo dos Enfermos, usado para a unção sacramental dos enfermos. Com os Santos Óleos são ungidos os filhos e filhas de Deus, em cada momento sacramental. É um simbolismo muito forte, que vem desde o Antigo Testamento, quando aqueles que recebiam uma grande missão eram ungidos, como Davi, patriarca do povo de Deus, como também reis, sacerdotes e profetas, e chega até o Novo Testamento, no próprio Cristo que foi "ungido" para a grande missão do anúncio do Reino (cf. Is 61,1; Lc 4,18). Ele é o Messias, o verdadeiro missionário do Pai, o ungido verdadeiramente.

4.5. As cinzas: símbolo forte que nos lembra de nossa vida que é de Deus e dele depende. Nada podemos por nós mesmos, sem Ele nada podemos fazer. Usada na Quarta-feira de Cinzas, vem lembrar-nos do sentido penitencial da Quaresma, para que alcancemos a ressurreição de Cristo e com Ele participemos da vida. Recordemos aqui que essas Cinzas vêm da incineração das palmas que foram usadas no Domingo de Ramos.

5. Vestes Litúrgicas: a Celebração Litúrgica deve ser revestida de dignidade. O ato que se vai realizar é sublime, portanto não é um ato comum. O comportamento nele deve ser sublime, digno e expressivo, pois se celebra a *memória pascal* de Cristo. Assim, o *presidente* reveste-se das vestes próprias para o ato litúrgico. Vejamos as principais *vestes litúrgicas*:

5.1. Túnica: é uma veste longa, normalmente de cor branca ou neutra.

5.2. Casula: veste em forma de um manto, que o presidente coloca sobre a túnica e tem a cor própria da Liturgia correspondente. Coloca-se sobre a *estola*, que é um símbolo sacerdotal, símbolo do serviço.

5.3. Estola: é uma faixa de tecido e com cor e adereços próprios, que o sacerdote coloca sobre os ombros. Os *diáconos* também a usam de forma transversal, do ombro esquerdo para o direito, significando certa limitação no serviço sacerdotal. O *diácono* recebe o *sacramento da Ordem*, mas tem uma função limitada. A *estola sacerdotal* colocada ao longo do corpo significa prontidão para o serviço aos irmãos.

5.4. Cíngulo: é um cordão feito de tecido trançado usado para prender a veste litúrgica ao longo da cintura.

5.5. Dalmática: semelhante à *casula*, mas com alguns detalhes diferentes; é a veste própria do diácono em sua função religiosa. É colocada sobre a estola.

5.6. Amito: pequeno tecido colocado sobre o pescoço e ombros, antes das outras vestes litúrgicas.

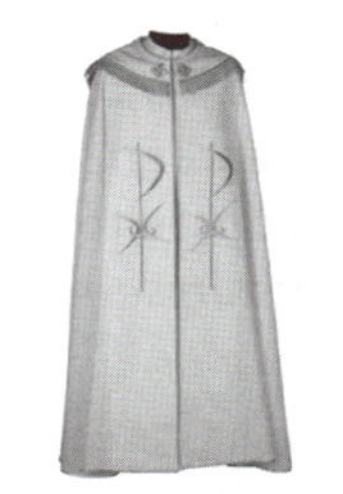

5.7. Capa pluvial: é uma capa longa usada na bênção do Santíssimo, nas procissões, principalmente a de *Corpus Christi*, e ainda pode ser usada quando se faz o rito da aspersão na assembleia com água benta.

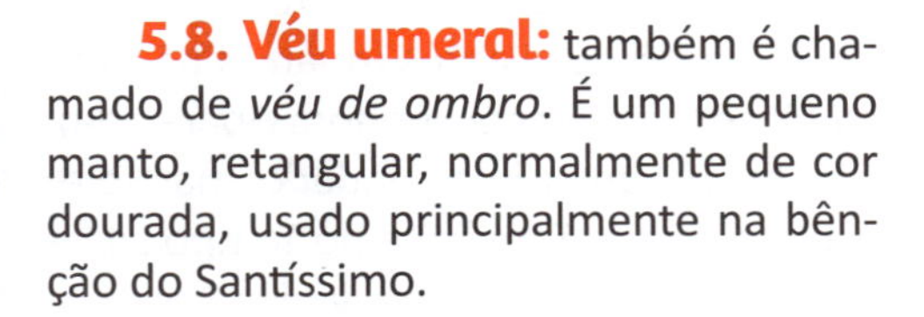

5.8. Véu umeral: também é chamado de *véu de ombro*. É um pequeno manto, retangular, normalmente de cor dourada, usado principalmente na bênção do Santíssimo.

As *vestes litúrgicas* são sinais expressivos da sublimidade do ato ou função religiosa que se realiza. Elas querem expressar a grandeza do momento e a profundidade da ação litúrgica. Todas as vestes litúrgicas devem ser bem cuidadas, limpas. Elas são importantes, mas também têm certa relatividade, pois, se a preocupação primeira é com as vestes e não com as atitudes de misericórdia, de bondade, de simplicidade, algo que venha do mais profundo da existência, certamente essa exterioridade não agrada a nosso Senhor. Se há preocupação com a visibilidade apenas, com a exterioridade, a assembleia reunida sabe distinguir muito bem *entre o que os olhos veem e o que brota da sinceridade e do coração*. Preocupemo-nos com esses símbolos e cuidemos bem deles, mas não a ponto de terem a primazia no que realizamos.

6. Cores Litúrgicas: As cores que usamos na Liturgia têm também seu significado. Há culturas em que as cores são profundamente significativas. Elas querem representar uma *realidade da vida*, daquele momento que estamos vivendo. Por exemplo, no Brasil, costuma-se usar a cor branca na passagem de ano, invocando a paz. As *cores litúrgicas* estão associadas às vestes litúrgicas, como também às toalhas do Altar, da Mesa da Palavra, e na vestimenta dos leitores. Os Ministros Extraordinários da Sagrada Comunhão *usam sempre a cor branca*.

6.1. Cor branca: simboliza a *paz*, a *vitória*, a *pureza*, a *singeleza*, a *alegria*. Usa-se nas solenidades dos Santos (quando não são mártires), de Nossa Senhora (Assunção, Nossa Senhora Aparecida), nas festas do Senhor (*Corpus Christi*, Santíssima Trindade), nas solenidades litúrgicas (por exemplo, Sagrada Família) e no Tempo Litúrgico do Natal, da Páscoa, na Quinta-feira Santa e na Vigília Pascal.

6.2. Cor vermelha: é a cor do *sangue*, da *dor*, do *martírio*, como também do *fogo*, do *amor* divino, da *vida* entregue por amor. Na Liturgia é usada no Domingo de Ramos e na Sexta-feira Santa (Paixão do Senhor), no Domingo de Pentecostes, na memória dos Apóstolos e dos Mártires.

6.3. Cor verde: simboliza a *esperança*, e esse sentido simbólico da cor verde está muito presente na vida do povo. Ele o entende com rapidez. Ela é usada na Liturgia do Tempo Comum, exceto, quando houver uma solenidade, festa ou memória que tem a cor própria.

6.4. Cor roxa: é sinal de *penitência*, de *conversão*, de *metanoia* (mudança de vida, de atitudes). Ela é usada no Tempo Litúrgico da Quaresma e do Advento. No Tempo da Quaresma, essa cor lembra-nos da *necessidade de penitência e de conversão*, e no Tempo do Advento convida-nos a nos voltar mais *intensamente na esperança do Senhor que vai chegar*.

6.5 Cor rosa: é símbolo de *alegria*, dentro de um Tempo Litúrgico que nos chama à conversão, como o da Quaresma e do Advento. Por isso, pode ser usada no quarto Domingo da Quaresma, também chamado de "Laetare" (Alegra-te), e no terceiro Domingo do Advento, chamado de "Gaudete" (Alegria), por causa da Palavra de Deus que nos fala da proximidade da chegada do Senhor.

A eficácia salvífica do sacrifício realiza-se plenamente na comunhão, ao recebermos o corpo e o sangue do Senhor. O sacrifício eucarístico está particularmente orientado para a união íntima dos fiéis com Cristo através da comunhão: recebemo-lo a Ele mesmo que se ofereceu por nós, o seu corpo entregue por nós na cruz, o seu sangue "derramado por muitos para a remissão dos pecados" (Mt 26,28). Recordemos as suas palavras: "Assim como o Pai, que vive, enviou-me e Eu vivo pelo Pai, assim também o que me come viverá por mim" (Jo 6,57). O próprio Jesus nos assegura que tal união, por Ele afirmada em analogia com a união da vida trinitária, realiza-se verdadeiramente. *A Eucaristia é verdadeiro banquete*, onde Cristo se oferece como alimento... "Em verdade, em verdade vos digo: Se não comerdes a carne do Filho do Homem e não beberdes o seu sangue, não tereis a vida em vós" (Jo 6,53). Não se trata de alimento em sentido metafórico, mas "a minha carne é, em verdade, uma comida, e o meu sangue é, em verdade, uma bebida" (Jo 6,55) *(Ecclesia de Eucharistia, 16)*.

11
TEMPOS LITÚRGICOS E PARTES DA MISSA

A Liturgia realiza-se dentro de um ritmo lógico. Chamamos de **Ano Litúrgico** o que não coincide com o ano civil. O ritmo da Liturgia é outro. O Ano Litúrgico inicia-se no *Primeiro Domingo do Advento* e vai terminar no *Trigésimo Quarto Domingo Comum*, na festa de Cristo Rei.

Ao longo desse Ano celebramos a obra salvífica de Cristo, nos domingos, nas festas e solenidades, como também no Tempo Litúrgico Comum. São oportunidades que o Senhor nos concede para crescermos no amor, na fé e na esperança. Ele vem fazer-nos compreender que é pelo exercício da escuta da Palavra do Senhor, da caridade e da piedade, que crescemos em nossa fé e alcançamos a santidade.

O Ano Litúrgico está dividido em Ano A, no qual meditamos especialmente o Evangelho de Mateus. Ano B, que nos propõe a reflexão do Evangelho de Marcos. E Ano C, que está focado no Evangelho de Lucas. O Evangelho de João é refletido durante o Tempo Pascal e também em algumas festas ou solenidades durante o ano.

Na Liturgia Semanal, ou seja, nos dias de semana, é dividido em *Ano Par* e *Ano Ímpar*, e em cada um deles mudam a Leitura e os Salmos responsoriais, mas o Evangelho permanece o mesmo no *ano par* e no *ano* ímpar.

Vejamos, pois, os Tempos Litúrgicos e uma palavra sobre cada um deles.

Tempo do Advento: Inicia-se no Primeiro Domingo do Advento e vai até o Quarto Domingo do Advento, na proximidade da celebração do Natal do Senhor. Vem lembrar-nos da realidade das duas vindas de Cristo: a que vai realizar-se no fim do mundo e a que já se realizou no Natal do Senhor. Esse Tempo Litúrgico nos conduz para a espera paciente do Senhor que vai chegar, como a um amigo que tanto esperamos.

Tempo do Natal: Inicia-se com a celebração do Natal do Senhor e vai até o domingo depois da festa da Epifania. Nele relembramos os fatos marcantes da infância de Cristo: seu Natal, a Sagrada Família, a Santa Mãe de Deus e a Epifania, quando relembramos a manifestação de Cristo para todos os povos e nações. Nesse Tempo Litúrgico vivemos a alegria da encarnação do Filho de Deus nascido de Maria e entre nós.

Tempo da Quaresma: Inicia-se na Quarta-feira de Cinzas e vai até a tarde (chamada vésperas) da Quinta-feira Santa. A partir da celebração da Ceia Pascal (Missa do Lava-pés) até a Vigília Pascal, realiza-se a celebração do Tríduo Pascal, relembrando os mistérios da paixão, morte e ressurreição de Cristo por nossa redenção. A chamada Semana Santa vai do Domingo de Ramos até o Sábado Santo inclusive. É tempo muito propício para a meditação da Palavra de Deus, para os exercícios da penitência, da caridade e da misericórdia. Esse Tempo da Quaresma é uma verdadeira renovação batismal.

Tempo Pascal: Nasce no Domingo de Páscoa e segue até o Domingo de Pentecostes. São cinquenta dias contados a partir do Domingo da Páscoa. Pentecostes significa cinquenta. O Tempo Pascal é um tempo muito bonito e fundamental em nossa fé cristã. Devemos vivê-lo com toda a intensidade e alegria, pois Cristo ressuscitou dos mortos e nos trouxe a plenitude da vida.

Tempo Comum: São trinta e quatro semanas ou trinta e quatro domingos. Inicia-se depois do Domingo da Epifania e vai até a Quarta-feira de Cinzas, interrompendo no Tempo da Quaresma e da Páscoa e continuando depois do Domingo de Pentecostes até a festa de Cristo Rei, no trigésimo quarto domingo comum. Nele recordamos o mistério de Cristo em sua plenitude, os fatos e acontecimentos da vida pública de Cristo.

Festas, solenidades e memórias: Dentro do Tempo Comum a Igreja lembra com intensidade algumas festas, solenidades e memórias, como *Corpus Christi*, Sagrado Coração de Jesus, São Pedro e São Paulo, Imaculada Conceição, São José, Anunciação, Natividade de São João Batista. Algumas festas, solenidades e memórias são celebradas no domingo, outras, durante os dias da semana. É importante recordar que, aos sábados, não havendo nenhuma memória obrigatória, pode ser celebrada a memória facultativa da Virgem Maria.

É importante que o *Ministro da Distribuição da Sagrada Comunhão* tenha essas noções básicas dos Tempos Litúrgicos, pois assim poderá viver e reviver com toda a Igreja o mistério de Cristo no tempo e na história. A fé é vivida com mais intensidade quando sabemos o que estamos celebrando, o que estamos vivendo em torno do altar. Procurando ler um pouco mais, também nos aprofundaremos mais no assunto que estamos tratando.

Partes da Missa

A celebração da Sagrada Liturgia, a Eucaristia são um todo, e cada uma de suas partes tem sua importância. Não há parte mais importante e parte menos importante. Ela é um todo, e cada rito realizado tem seu significado e sentido. Dizer *partes da missa* é apenas para nos orientar, pois ela é um todo, inteira, total. É preciso sim compreender o significado de sua estrutura celebrativa, para podermos celebrar bem.

Ritos iniciais: Inicia-se com a procissão de entrada, e o cântico deve lembrar-nos de que o Senhor caminha com seu povo, que penetrou nossa história humana. Já no altar, o sacerdote reverencia e beija o altar, como sinal de amor e de respeito. Em seguida vem:

– Sinal da cruz.
– Saudação do celebrante.
– Ato Penitencial.
– Hino de Louvor (se for domingo ou solenidade).
– Oração da Coleta.

Após os Ritos Iniciais nos voltamos para a Palavra de Deus que será anunciada no meio da assembleia reunida. É o Senhor que nos fala, e assim nos voltamos inteiramente para escutá-lo.

Liturgia da Palavra: É a primeira grande parte da celebração eucarística.

– 1ª Leitura (do Antigo Testamento, normalmente).
– Salmo responsorial.

– 2ª Leitura (do Novo Testamento, principalmente das Cartas de Paulo).

– Aclamação ao Evangelho.

– Evangelho.

– Homilia.

– Profissão de Fé.

– Preces dos Fiéis (as preces devem ser feitas na Mesa da Palavra).

Depois que ouvimos a Palavra de Deus, como uma carta de amor que o Senhor nos escreveu, iniciamos a *Liturgia Eucarística*, que vai terminar na doxologia, ou seja, quando o sacerdote diz: "Por Cristo, com Cristo e em Cristo, a vós, Deus Pai todo-poderoso, toda honra e toda glória, agora e para sempre".

Liturgia eucarística: É a segunda grande parte da celebração eucarística.

– Apresentação das oferendas.

– Oração sobre as Oferendas.

– Oração Eucarística:

* Prefácio.

* Consagração.

* Mementos (Igreja, Mortos, Povo de Deus).

* Doxologia.

Terminada a Liturgia Eucarística, inicia-se o Rito da Comunhão. Nesse momento toda a assembleia se prepara para receber Jesus no Pão consagrado. Após a Sagrada Comunhão, realiza-se o Rito Final, com a Oração pós-comunhão e o envio missionário. O "ide em paz" significa ir pelo mundo afora dando graças e vivendo tudo o que ali celebramos.

Rito da comunhão: Preparação para receber Jesus no Pão consagrado.

- Oração do Pai-nosso.
- Oração pela paz.
- Fração do pão.
- Comunhão.

Ritos finais: Agradecidos e abençoados somos enviados em missão.

- Oração depois da Comunhão.
- Bênção final.
- Envio.

Cânticos: São importantes dentro da Liturgia Eucarística, pois são a expressão alegre da verdade da fé que estamos vivendo e celebrando. Por isso, não é qualquer cântico que serve para a missa. Há cânticos próprios para cada momento, por exemplo: Entrada, Oferendas... E, ainda, eles devem estar de acordo com o momento celebrativo do domingo, da solenidade ou da festa. Desde o cântico inicial, que já é Liturgia se realizando, até o cântico final, não pode ser ao gosto do cantor ou do músico, mas de acordo com o que se celebra. São importantes os músicos e cantores, mas precisam estar dentro do espírito litúrgico e levar o povo todo a cantar.

A CNBB já preparou um Hinário para cada tempo e para cada momento da missa, para que não haja nenhum "desvio" litúrgico ou um empobrecimento. Na verdade a liturgia tem seu modo próprio de ser e quem tem a responsabilidade de prepará-la deve também conhecer o máximo que puder o sentido da Eucaristia e seu procedimento na celebração.

Instrumentos musicais: São necessários e ajudam muito na celebração. Mas jamais os instrumentos podem sobrepor-se à voz do povo. Instrumentos metálicos trazem dificuldades para a participação orante do povo.

Na Liturgia a dimensão orante não pode jamais faltar. Canta-se um canto inicial bonito, meditativo, orante. Porém, às vezes, depois que o padre está no altar, alguém manda bater palmas ou se dá vivas, ou saudações semelhantes, que quebram todo o ritmo litúrgico (pior se for o próprio presidente que faz isto!).

Quando o som dos instrumentos está mais alto que o som do Leitor e do Presidente, não há remédio: é preciso abaixar o som! Os instrumentos oficialmente litúrgicos são os de sopro e não os de percussão. Porém a paciência pastoral tem permitido que os de percussão sejam também usados, mas devem ser usados com cuidado.

Por fim, é importante recordar o que você já ouviu: *Deve-se* ***cantar a liturgia*** *e não* ***cantar na liturgia***!

Através da comunhão do seu corpo e sangue, Cristo comunica-nos também seu Espírito. Escreve Santo Efrém: "Chamou o pão seu corpo vivo, encheu-o de si próprio e do seu Espírito... E aquele que o come com fé, come fogo e Espírito... Tomai e comei-o todos; e, com ele, comei o Espírito Santo. De fato, é verdadeiramente meu corpo, e quem o come viverá eternamente". A Igreja pede este Dom divino, raiz de todos os outros dons, na epiclese eucarística. Assim reza, por exemplo, a *Divina Liturgia* de S. João Crisóstomo: "Nós vos invocamos, pedimos e suplicamos: enviai vosso Santo Espírito sobre todos nós e sobre estes dons... para que sirvam a quantos deles participarem de purificação da alma, remissão dos pecados, comunicação do Espírito Santo..." *(Ecclesia de Eucharistia, 17).*

12
EUCARISTIA

"Porque existe um único Pão, nós, embora sejamos muitos, formamos um só Corpo, visto que todos nós participamos de um único Pão" (1Cor 10,17).

1. Jesus, após ter lavado os pés de seus discípulos, celebrou a Última Ceia como o rito permanente de seu amor infinito por sua Comunidade. E terminou dizendo: "Fazei isto em memória de mim" (Mt 26,26-29; Mc 14,22-25; Lc 22,19-20).

2. Deus, não contente de ter-se dado a nós em forma humana, quis dar-se também em forma de alimento. É um mistério de fé e principalmente de amor. Deus nos amou demais, a ponto de não só assumir nosso corpo, mas até de se fazer nossa comida e bebida, para ficar conosco e ser nossa força de libertação e de comunhão (cf. Jo 6,32-40).

3. A Missa renova o sacramento da morte e da ressurreição de Jesus em nosso favor. Na Eucaristia, a comunidade encontra seu mais forte ponto de união, porque é onde todos estão mais intimamente UNIDOS EM CRISTO. É vital participar da Eucaristia, principalmente aos domingos, procurando estar sempre em condições de comungar o Corpo do Senhor.

4. Na Eucaristia, Jesus se oferece ao Pai como sacrifício e a nós como alimento. A celebração da Eucaristia é sempre um ato comunitário: Deus nos reúne no amor de Cristo, para ouvir sua Palavra, para louvar e agradecer ao Pai, e assim chegar à Comunhão, que nos mergulha totalmente na vida de amor da Trindade santa, por meio do Corpo e Sangue de Jesus.

Leia na Bíblia: Jo 6,5-15; Jo 6,30-42; Jo 6,51-59; Mt 26,17-29; Mc 14,12-25; Lc 22,7-21; Lc 22,24-30; 1Cor 10,15-17; 11,17-34; At 2,42-47; Sl 23; 116; 145.

A palavra Eucaristia em sua raiz significa AÇÃO DE GRAÇAS. É nosso grande e fiel muito obrigado a nosso Senhor, o Pai, que nos ofereceu seu único Filho para nossa redenção. Eucaristia é a presença real de Cristo com seu Corpo, Sangue, Alma e Divindade, nas aparências de pão e vinho.

O evangelista João deixou-nos bem claro o sentido da presença de Cristo na Eucaristia, na forma de pão e vinho: "Eu sou o pão da vida. Vossos pais comeram o maná no deserto, mas morreram. Este pão é o que desce do céu, para que não morra quem dele comer" (Jo 6,48-52).

O Catecismo na Igreja Católica (CIC) é fonte para toda a Catequese cristã. Quando trata da Sagrada Eucaristia nos diz, do número 1.322 ao 1.404:

O que é a Eucaristia?

É o próprio sacrifício do Corpo e do Sangue do Senhor Jesus, que Ele instituiu para perpetuar o sacrifício da cruz no decorrer dos séculos até o seu regresso, confiando assim à sua Igreja o memorial da sua Morte e Ressurreição. É o sinal da unidade, o vínculo da caridade, o banquete pascal, em que, ao recebermos Cristo, a alma se enche de graça e nos é dado o penhor da vida eterna.

Quando é que Jesus Cristo instituiu a Eucaristia?

Instituiu-a na Quinta-feira Santa, "na noite em que foi traído" (1Cor 11,23), ao celebrar a Última Ceia com os seus Apóstolos.

Como é que a instituiu?

Depois de reunir os Apóstolos no Cenáculo, Jesus tomou nas suas mãos o pão, partiu-o e deu-lho dizendo: "Tomai e comei todos: isto é o meu corpo entregue por vós". Depois tomou nas suas mãos o cálice do vinho e disse-lhes: "Tomai e bebei todos: este é o cálice do meu sangue para a nova e eterna aliança, derramado por vós e por todos para a remissão dos pecados. Fazei isto em memória de mim".

O que significa a Eucaristia na vida da Igreja?

É fonte e cume da vida cristã. Na Eucaristia, a ação santificadora de Deus em nosso favor e o nosso culto para com Ele atingem o auge. Nela está contido todo o tesouro espiritual da Igreja: o próprio Cristo, nossa Páscoa. A comunhão da vida divina e a unidade do Povo de Deus são significadas e realizadas na Eucaristia. Pela celebração eucarística, unimo-nos desde já à liturgia do Céu e antecipamos a vida eterna.

Como é chamado este sacramento?

A insondável riqueza deste sacramento exprime-se com diferentes nomes que evocam alguns dos seus aspectos particulares. Os mais comuns são: Eucaristia, Santa Missa, Ceia do Senhor, Fração do Pão, Celebração Eucarística, Memorial da Paixão, da Morte e da Ressurreição do Senhor, Santo Sacrifício, Santa e Divina Liturgia, Santos Mistérios, Santíssimo Sacramento do altar, Santa Comunhão.

Qual o lugar da Eucaristia no designio da salvação?

Na Antiga Aliança, a Eucaristia é preanunciada sobretudo na ceia pascal anual, celebrada cada ano pelos judeus com os pães ázimos, para recordar a imprevista e libertadora partida do Egito. Jesus anuncia-a no seu ensino e institui-a, celebrando com seus Apóstolos a última Ceia, durante um banquete pascal. A Igreja, fiel ao mandamento do Senhor: "Fazei isto em memória de mim" (1Cor 11,24), sempre celebrou a Eucaristia, sobretudo no domingo, dia da ressurreição de Jesus.

Como se desenrola a celebração da Eucaristia?

Desenrola-se em dois grandes momentos que formam um só ato de culto: a liturgia da Palavra, que compreende a proclamação e escuta da Palavra de Deus; e a liturgia eucarística, que compreende a apresentação do pão e do vinho, a oração ou anáfora, que contém as palavras da consagração, e a comunhão.

Quem é o ministro da celebração da Eucaristia?

É o sacerdote (bispo ou presbítero), validamente ordenado, que age na Pessoa de Cristo Cabeça e em nome da Igreja.

Quais os elementos essenciais e necessários para realizar a Eucaristia?

São o pão de trigo e o vinho da videira.

Como a Eucaristia é memorial do sacrifício de Cristo?

A eucaristia é *memorial* no sentido que torna presente e atual o sacrifício que Cristo ofereceu ao Pai, uma vez por todas, na cruz, em nosso favor. O caráter sacrificial da Eucaristia manifesta-se nas próprias palavras da instituição: "Isto é o meu corpo, que vai ser entregue por vós" e "este cálice é a nova aliança no meu sangue, que vai ser derramado por vós" (Lc 22,19-20). O sacrifício da cruz e o sacrifício da Eucaristia são um *único sacrifício*. Idênticos são a vítima e Aquele que oferece, diverso é só o modo de oferecer-se: cruento na cruz, incruento na Eucaristia.

Como a Igreja participa no sacrifício eucarístico?

Na Eucaristia, o sacrifício de Cristo torna-se também o sacrifício dos membros do seu Corpo. A vida dos fiéis, seu louvor, seu sofrimento, sua oração, seu trabalho são unidos aos de Cristo. Enquanto sacrifício, a Eucaristia é também oferecida por todos os fiéis vivos e defuntos, em reparação dos pecados de todos os homens e para obter de Deus benefícios espirituais e temporais. A Igreja do céu está unida também à oferta de Cristo.

Como Jesus está presente na Eucaristia?

Jesus Cristo está presente na Eucaristia de um modo único e incomparável. De fato, está presente de modo verdadeiro, real, substancial: com seu Corpo e seu Sangue, com sua Alma e sua Divindade. Nela está presente em modo sacramental, isto é, sob as espécies eucarísticas do pão e do vinho, Cristo completo: Deus e homem.

Que significa transubstanciação?

Transubstanciação significa a conversão de toda a substância do pão na substância do Corpo de Cristo e de toda a substância do vinho na substância do seu Sangue. Essa conversão realiza-se na oração eucarística mediante a eficácia da palavra de Cristo e a ação do Espírito Santo. Todavia as características sensíveis do pão e do vinho, isto é, as "espécies eucarísticas", permanecem inalteradas.

A fração do pão divide Cristo?

A fração do pão não divide Cristo: Ele está presente todo inteiro em cada uma das espécies eucarísticas e em cada uma das suas partes.

Até quando continua a presença eucarística de Cristo?

Ela continua enquanto subsistem as espécies eucarísticas.

Que tipo de culto é devido ao sacramento da Eucaristia?

É devido o culto de *latria*, isto é, de adoração reservada só a Deus, quer durante a celebração eucarística, quer fora dela. De fato, a Igreja conserva com a maior diligência as Hóstias consagradas, leva-as aos enfermos e às pessoas impossibilitadas de participar na Santa Missa, apresenta-as à solene adoração dos fiéis, leva-as em procissão e convida à visita frequente e à adoração do Santíssimo Sacramento conservado no tabernáculo.

Por que a Eucaristia é banquete pascal?

A Eucaristia é o banquete pascal, porque Cristo nos dá, pela realização sacramental da sua Páscoa, seu Corpo e seu Sangue, oferecidos como alimento e bebida, e nos une a si e entre nós no seu sacrifício.

Que significa o altar?

O *altar* é o símbolo do próprio Cristo, presente como vítima sacrificial (altar – sacrifício da cruz) e como alimento celeste que se nos dá (altar-mesa eucarística).

Quando é que a Igreja obriga a participar na santa Missa?

A Igreja obriga os fiéis a participar na santa Missa cada domingo e nas festas de preceito e recomenda a participação nela também nos outros dias.

Quando se deve comungar?

A Igreja recomenda aos fiéis que participam na santa Missa que também recebam, com as devidas disposições, a Sagrada Comunhão, prescrevendo a obrigação de recebê-la ao menos pela Páscoa.

Que se requer para receber a Sagrada Comunhão?

Para receber a Sagrada Comunhão, precisamos estar plenamente incorporado à Igreja católica e em estado de graça, isto é, sem consciência de pecado mortal. Quem tem consciência de ter cometido pecado grave deve receber o sacramento da Reconciliação antes da Comunhão. São também importantes o espírito de recolhimento e de oração, a observância do jejum prescrito pela Igreja e ainda a atitude corporal (gestos, trajes), como sinal de respeito para com Cristo.

Quais são os frutos da Sagrada Comunhão?

A Sagrada Comunhão aumenta a nossa união com Cristo e com sua Igreja, conserva e renova a vida da graça recebida no Batismo e no Crisma, e faz-nos crescer no amor para com o próximo. Fortalecendo-nos na caridade, perdoa os pecados veniais e preserva-nos dos pecados mortais, no futuro.

Quando é possível administrar a Sagrada Comunhão aos outros cristãos?

Os ministros católicos administram licitamente a sagrada comunhão aos membros das Igrejas orientais que não têm plena comunhão com a Igreja católica, sempre que estes espontaneamente a peçam e com as devidas disposições.

No que se refere aos membros de outras Comunidades eclesiais, os ministros católicos administram licitamente a sagrada comunhão aos fiéis, que, por motivos graves, a peçam espontaneamente, tenham as devidas disposições e manifestem a fé católica acerca do sacramento.

Por que a Eucaristia é "penhor da futura glória"?

Porque a Eucaristia nos enche das graças e bênçãos do Céu, fortalece-nos para a peregrinação desta vida, faz-nos desejar a vida eterna, unindo-nos desde já a Cristo, sentado à direita do Pai, à Igreja do Céu, à santíssima Virgem e a todos os santos.

Na Eucaristia, partimos "o mesmo pão, que é remédio de imortalidade, antídoto para não morrer, mas para viver eternamente em Jesus Cristo" (Santo Inácio de Antioquia).

13
ESPIRITUALIDADE DO MINISTRO EXTRAORDINÁRIO

O ponto de partida de toda a espiritualidade de um *Ministro da Distribuição da Eucaristia* é sua própria vida de fé. A vida é dom concedido por Deus a todos nós; portanto, um presente que precisa ser amado e respeitado. Não se trata de viver a vida de qualquer jeito ou de qualquer modo: o jeito de Jesus é o jeito do cristão.

Quando fomos chamados para sermos Ministros da Distribuição da Eucaristia, alguém nos apontou, mas esse alguém foi mero instrumento nas mãos de Deus. Deus nos fala por meio das pessoas, em seus gestos e em suas palavras. E Deus chamou a cada um de um jeito. Deus não se prende a uma única forma de chamar. Ele chama como quer e quando quer. De nossa parte cabe compreender esse momento que Deus está nos chamando. Deus é insistente no amor, Ele vai concedendo-nos ocasiões, dando-nos sua graça, até que percebamos seu desejo sobre nós.

Assumir esse ministério (ministério é serviço em favor do Reino) é assumir um serviço que ajuda na edificação do Povo de Deus. Todos os Ministérios e todos os dons concedidos por Deus são para a edificação do Reino de Deus, jamais para uma distinção pessoal. Deus conta conosco para o acontecimento do Reino. Veja o que diz São Paulo:

Rm 12,3-8 – *Fazer em tudo a vontade de Deus* – "Irmãos, pela misericórdia de Deus, eu lhes peço: ofereçam seus corpos como sacrifício vivo, santo e agradável a Deus, pois este é o culto espiritual que vocês devem prestar. Não tomem por modelo este mundo, mas transformem-se renovando o espírito de vocês, para que possam distinguir qual é a vontade de Deus, e o que é bom, o que lhe agrada e é perfeito... Pois, assim como num só corpo temos muitos membros e esses membros não têm todos a mesma função, assim nós, sendo muitos, somos um só corpo em Cristo e todos são membros uns dos outros, cada um por sua parte. Mas possuímos dons diferentes segundo a graça que nos foi dada: quem tem o dom da profecia, exerça-o em harmonia com a fé; quem tem o dom do serviço, exerça-o servindo; quem tem o dom do ensino, ensinando; quem tem o dom da exortação, exortando. Quem reparte os bens, faça-o com simplicidade; quem preside, com diligência; quem exerce a misericórdia, com alegria".

A espiritualidade do Ministro da Distribuição da Comunhão é exigente, porque não se trata de um funcionário do sagrado nem um trabalho simplesmente. É uma função de gratuidade para com o Reino de Deus, e a fazemos por amor aos outros, à nossa Comunidade, à Igreja de Cristo. Somos um fermento na massa, o sal da terra, a luz do mundo. É a consequência da vivência e da missão do nosso batismo. Lembra-nos o evangelista Mateus:

Mt 5,13-16 – *Apostolado do cristão* – "Vocês são o sal da terra. Mas se o sal perder a força, com que se salgará? Não serve mais para nada, senão para ser jogado fora e ser pisado pelos homens. Vocês são a luz do mundo. Uma cidade construída no alto do monte não pode ficar escondida. E também não se acende uma luz para pô-la debaixo de uma bacia. Pelo contrário, a luz é posta no candeeiro, de modo que brilhe para todos os que estão na casa. Assim deve brilhar a luz de vocês diante dos homens, para que eles vejam as boas obras que vocês fazem e glorifiquem o Pai que está nos céus".

Como os galhos de uma árvore

Deus: "Amar a Deus sobre todas as coisas" – Deus em primeiro – meditar sempre o mistério que é Deus. Amar a Deus sobre tudo é algo tão verdadeiro e tão importante que não pode passar despercebido por nós em nenhum dia de nossa vida. Todos os dias são dias para colocar Deus em primeiro lugar! Ele é Amor.

A Vida: É dom de Deus que precisa ser amado. A vida é sagrada. Hoje, ela é ameaçada de tantos modos: assaltos, violência, abortos, pobreza, decisões políticas injustas, guerras... Ela precisa ser amada e respeitada. A vida do outro é sempre dom para nós, é expressão do amor de Deus, bem visível aos nossos olhos. A palavra de Jesus é muito orientadora e cheia de sabedoria: "Eu vim para que todos tenham a vida e a tenham em abundância" (Jo 10,10). Portanto, querer bem a si mesmo e aos outros é dizer **sim** à vida, sim ao amor, e **não** a tudo que estraga esse dom de Deus em nós.

A Família: Uma família foi constituída por nós ou nós fazemos parte de uma família constituída. Por meio do sacramento do matrimônio, Deus quer manifestar seu amor divino no amor humano. O amor divino e o humano se fundem para serem uma só verdade: presença do amor de Deus, "um só coração e uma só alma". A família sustenta nosso ser como pessoa, ajuda-nos a descobrir o sentido da vida, fortalece-nos numa direção (temos um rumo a seguir), ajuda-nos a compreender uns aos outros. Destruir a família é destruir toda possibilidade que a pessoa tem de crescer como filho ou filha de Deus. Sendo a família expressão do amor de Deus, ela é básica para a espiritualidade do Ministro da Distribuição da Comunhão.

O Trabalho: Temos um trabalho, graças a Deus. Quem não o tem o deseja. Trabalho não é tão somente uma ação que realizamos. Ele esconde uma espiritualidade muito profunda. Seja qual for o trabalho que exerçamos, ele é imensamente significativo para nós como pessoa, para os outros e muito importante para o mundo. Temos de tomar consciência de que o trabalho provoca em nós o nosso desenvolvimento. Travar no trabalho uma relação de amor e não de produção apenas, como prega o sistema econômico capitalista. Temos de produzir para sobreviver, mas não é a produção a finalidade última. Para o cristão, o trabalho tem o sentido de ajudar a manter a vida.

As Necessidades: De imediato podemos pensar que as necessidades pessoais nada têm a ver com a espiritualidade. Há coisas que são realmente necessárias, desde o bem-estar dentro de casa até as coisas de que gostamos, uma roupa, por exemplo. A espiritualidade nas necessidades passa pela vertente de que: elas são realmente necessárias ou estamos querendo sufocar um vazio dentro de nós? A compulsão de comprar pode esconder uma doença psicológica ou uma tentativa de sufocar algo mais profundo na pessoa? Temos de avaliar realmente as coisas para nos dar um rumo certo e nos tornarmos pessoas maduras de verdade.

A Convivência: A convivência humana é um ponto fundamental para nós. Não somos seres que vivem isolados, mas junto com os outros. Ninguém é capaz de viver sozinho e precisamos constantemente uns dos outros. Dentro da espiritualidade cristã, conviver com o outro é afirmá-lo superior a nós sempre, ou seja, o outro sempre tem alguma verdade para me dizer – isso não significa que só o outro tem o que me falar. A convivência é como a onda do mar: vai e volta. Por isso, os dois têm o que dizer. Os discípulos de Emaús dão um bom exemplo de convivência. A convivência fraterna entre todos é fundamental e não pode faltar.

A Piedade: A piedade cristã trata da nossa intimidade com Deus. Ser piedoso não significa ser pietista, mas alguém que pauta sua vida nas coisas de Deus, principalmente em sua Palavra. Vida de oração (pessoal e com toda a Igreja), de reflexão da Palavra de Deus, de silêncio interior, aquela atitude de sempre nos colocarmos e estarmos em Deus. Piedade não é andar de cabeça baixa, mas erguida, para ver onde Deus está nos falando e o que está esperando de nós.

A Prática da Caridade: A caridade para com os outros passa pela nossa caridade. Por isso, em primeiro lugar, precisamos ter muita caridade com nós mesmos, para que ela se estenda aos outros. Olhemos bem quem está perto de nós, percebamos se a pessoa está precisando de alguma palavra confortadora e animadora ou se está passando alguma necessidade material. De um jeito ou de outro é sempre hora de acudir o outro. Assim, na caridade fortalecemos nossa ação e nosso trabalho. Ser Ministro da Eucaristia não é status social nem promoção pessoal: é serviço da caridade.

A Palavra de Deus: Ela é fonte contínua de inspiração. Nós a ouvimos em cada Eucaristia, mas isso não dispensa nossa atenção pessoal para com ela em outros momentos. De que forma escutamos a Palavra de Deus que é proclamada em cada Eucaristia?

É uma pergunta que todos devemos sempre fazer! O sinal sensível de que estamos atento às coisas de Deus é a atenção que temos à sua Palavra. Em cada dia, escolher uma palavra ou um pequeno trecho do Evangelho para meditar e deixar que a Palavra de Jesus fique em nosso coração e em nossa vida o dia todo.

Sacrário: Esse é o ponto central, porque é fonte: "Senhor, dá-me desta água", pediu a samaritana a Jesus. Adorar e contemplar o Cristo no sacrário deve levar-nos a contemplar o Cristo presente na vida dos irmãos e irmãs. Amor e respeito para com o sacrário demonstram amor e respeito para com nosso irmão ou irmã – uma verdade não está separada da outra. Em cada Ministro da Eucaristia, supõe-se que tenha intimidade com estes "dois sacrários": o tabernáculo e a pessoa humana. É uma intimidade que não se separa: Cristo e a pessoa do outro. Uma menina-moça disse-me: "Padre, quero me confessar porque eu quero receber Jesus e não água e trigo apenas". Ela entendeu bem o sentido da Eucaristia, e na verdade eram dois sacrários: o do Cristo e o da menina-moça. Não fiquemos contente com o que já conseguimos em progresso espiritual, mas peçamos a Ele a graça de abrir-nos para a compreensão de nós mesmos, dos outros e do mundo onde vivemos.

Nossa Senhora Aparecida: O amor para com Nossa Senhora é amor para com Jesus. Todos conhecemos a história de Nossa Senhora (se não conhecemos, procuremos conhecê-la bem). A simplicidade como tudo aconteceu nos mostra exatamente a Mulher simples de Nazaré. Seu olhar sereno nos contempla. Suas mãos postas rezam por nós. Seu tamanho (apenas 36 cm) nos dá a grande mensagem: *diante de Deus todos devemos ser humildes*! A espiritualidade cristã nos ensina que a Virgem Maria é Mãe de

Jesus e como tal deve ser venerada e amada. Sua imagem é um sinal que nos fala e do jeito que todos nós entendemos. Ela é nossa intercessora junto de Deus. Deixar Nossa Senhora é deixar de ser cristão, de ser Igreja, de ser Ministro da Eucaristia. O primeiro lugar, porém, é sempre de Jesus. E ela quer somente nos dar seu Filho: "Façam tudo o que Ele lhes disser" (Jo 2,5).

Compromisso de Ministro: somos Igreja e o compromisso ministerial é com o Reino. Nosso trabalho na Comunidade está em vista da salvação dos irmãos e irmãs. É serviço da caridade. "Um pingo de mel atrai muito mais moscas que um barril de vinagre!" Uma atitude de caridade convence muito mais que mil palavras. Mas um maltrato, apenas um, acaba estragando um trabalho inteiro. Nosso compromisso é dizer para quem vai receber a Sagrada Comunhão: "Este é o pão do céu! Ele é o pão vivo! Creia! Quem comer deste pão viverá eternamente!" Ao levantar a hóstia consagrada e dizer: "Corpo de Cristo", estamos dizendo tudo de nossa fé. Não são os exageros ou excesso de ritualismo que vão convencer a pessoa – aliás, todos os excessos são dispensáveis. Fazer tudo o que temos de fazer com muita dignidade e simplicidade. Tudo isso vale, não só na hora da distribuição da comunhão, mas também nas reuniões, nos encontros, nos retiros...

Vivamos nossa fé com intensidade. Façamos tudo com amor e dedicação. Para fazer as coisas "mais ou menos", ou com "pouca boa vontade", é melhor nada fazer!

14
FÓRMULAS OU RITOS

(Modelos de Celebração que poderão ser usados na Comunhão aos Enfermos.)

Visita e Comunhão dos Enfermos e Idosos (1)

(Ao chegar à casa, o ministro saúda os presentes, dirige-se ao enfermo, cumprimenta-o e convida-o para a oração, assim como os presentes, e se inicia a celebração.)

– Em nome do Pai † e do Filho e do Espírito Santo.

– Amém!

– Em nome da Comunidade cristã trazemos o Pão da Eucaristia. É Jesus mesmo quem se dá em alimento e é força em nossa vida. Eu vos desejo que o Senhor esteja presente no coração de nosso irmão (nossa irmã) e o(a) fortaleça em sua bondade.

– Bendito seja Deus que nos reuniu no amor de Cristo!

Palavra de Deus

(Lê-se um trecho do Evangelho e poderão ser dirigidas algumas palavras aos presentes. O Evangelho ou outro texto da Palavra de Deus deve ser preparado antes.)

Trechos do Evangelho:

– “Eu sou o Caminho, a Verdade e a Vida; ninguém vem ao Pai senão por mim” (Jo 14,23).

– "Eu sou a videira, vós os ramos. Quem permanecer em mim, e eu nele, esse dá muito fruto, porque sem mim nada podeis fazer" (Jo 15,5).

– "Eu sou o Pão vivo que desceu do céu. Se alguém comer deste Pão, viverá eternamente. O pão que eu hei de dar é minha carne para a vida do mundo" (Jo 6,50-51).

Rito da Comunhão

– Nós não somos capazes de viver sem Deus e sem sua misericórdia! Deus é amor e misericórdia. Peçamos perdão ao Senhor.

– Senhor, tende piedade de nós.

– Senhor, tende piedade de nós!

– Cristo, tende piedade de nós.

– Cristo, tende piedade de nós!

– Senhor, tende piedade de nós.

– Senhor, tende piedade de nós!

– Que o Senhor, nosso Deus, perdoe-nos e nos dê sua paz.

– Amém!

– Rezemos a oração que o Senhor nos ensinou:

– Pai nosso...

– Felizes os convidados para a Ceia do Senhor. Eis o Cordeiro de Deus, que tira o pecado do mundo.

– Senhor, eu não sou digno(a) de que entreis em minha morada, mas dizei uma só palavra e serei salvo(a).

(O ministro apresenta o Santíssimo Sacramento e diz:)

– O Corpo de Cristo.

– Amém!

(Guarda um pequeno instante de silêncio. Pode fazer uma oração espontânea também. E termina rezando:)

– Que o Senhor nos abençoe em seu amor. Que Ele nos guarde de todo mal. Que nos dê sua paz e nos conduza à vida eterna. Em nome do Pai † e do Filho e do Espírito Santo.

– **Amém!**

– Louvado seja nosso Senhor Jesus Cristo.

– **Para sempre seja louvado!**

Visita e Comunhão dos Enfermos e Idosos (2)

(Prepare o ambiente: uma mesinha com toalha limpa, uma flor, uma vela. O ministro coloca o Santíssimo Sacramento sobre a mesa e inicia a celebração.)

– Em nome do Pai † e do Filho e do Espírito Santo.

– **Amém!**

– A paz do Senhor esteja com todos desta casa e com este(a) nosso(a) irmão(ã) N.

– **Bendito seja o Senhor, nosso Deus!**

Momento Penitencial

– Neste momento, peçamos perdão ao Senhor, para que, alcançando sua misericórdia, tenhamos a alegria de viver e de praticar o bem.

– Tende compaixão de nós, Senhor.

– **Porque somos pecadores!**

– Manifestai, Senhor, vossa misericórdia.

– **E dai-nos vossa salvação!**

– Ó Senhor, Deus de misericórdia, perdoai nossas faltas e fortalecei nossa fé e nossa esperança.

– **Amém!**

Oração: Ó Pai, como é grande vosso amor. Olhai com bondade para este(a) vosso(a) filho(a) N., confortai-o(a) com vossa presença e concedei-lhe a saúde do corpo e da alma. Por Cristo, vosso Filho e nosso Senhor.

— Amém!

A Palavra de Deus nos ilumina

Evangelho de João *(Jo 6,54-59)*

“Eu sou o pão vivo descido do céu. Quem comer deste pão viverá eternamente. E o pão que eu darei é a minha carne, para a vida do mundo.” Os judeus começaram a discutir entre eles e perguntaram: “Como ele pode dar-nos a sua carne para comer?” Jesus então lhes respondeu: “Eu lhes afirmo com toda certeza: se vocês não comerem a carne do Filho do homem e não beberem o seu sangue, não terão a vida dentro de si. Quem come a minha carne e bebe o meu sangue tem a vida eterna, e eu o ressuscitarei no último dia. Pois a minha carne é verdadeira comida e o meu sangue é verdadeira bebida. Todo aquele que come a minha carne e bebe o meu sangue permanece em mim e eu nele. Assim como o Pai, que vive, enviou-me e eu vivo pelo Pai, também quem me come viverá por mim. Este é o pão que desceu do céu. Não é como o maná que seus pais comeram mas morreram; quem come deste pão viverá para sempre”. Assim falou ele, ensinando numa sinagoga de Cafarnaum.

(O ministro poderá dizer uma palavra curtinha sobre o Evangelho para os presentes.)

(Pode-se fazer também a proclamação do evangelho do dia ou escolhe-se dentre estas: Jo 14,6; Jo 14,27; Jo 15,4-5; 1Cor 11,26).

Pai-nosso

– Agora, unidos na fé e no Evangelho de Jesus, rezemos do jeito que Ele nos ensinou:

– **Pai nosso...**

– Eis o Pão vivo descido do céu. Eis o Pão da vida eterna. Eis o Cordeiro de Deus que tira o pecado do mundo.

– **Senhor eu não sou digno(a) de que entreis em minha morada, mas dizei uma palavra e serei salvo(a).**

(O ministro apresenta o Santíssimo Sacramento e diz:)

– O Corpo de Cristo!

– **Amém!**

(Se for oportuno, faz-se um instante de silêncio, após a comunhão.)

Oração: Ó Deus, alimentados pelo Pão da Eucaristia, guiai nossa vida conforme vossa vontade e ajudai-nos a cumprir vossa santa vontade sobre nós. Vós, que viveis e reinais para sempre.

– **Amém!**

Invocação da Bênção

— Venha sobre nós e sobre nosso(a) irmão(ã) N. a bênção do céu.

— **Amém!**

— Deus Pai, concedei-nos vossa paz.

— **Amém!**

Deus Filho, concedei-nos a saúde e a paz.

— **Amém!**

— Deus Filho, concedei saúde aos enfermos.

— **Amém!**
— Deus Espírito Santo, iluminai-nos.
— **Amém!**
— Em nome do Pai † e do Filho e do Espírito Santo!
— **Amém!**
— Permaneçamos firmes na fé e na paz do Senhor.
— **Amém!**

A Páscoa de Cristo inclui, juntamente com a paixão e morte, a sua ressurreição. Assim o lembra a aclamação da assembleia depois da consagração: *"Proclamamos a vossa ressurreição"*. Com efeito, o sacrifício eucarístico torna presente não só o mistério da paixão e morte do Salvador, mas também o mistério da ressurreição, que dá ao sacrifício a sua coroação. Por estar vivo e ressuscitado é que Cristo pode tornar-se "pão da vida" (Jo 6,35.48), "pão vivo" (Jo 6,51), na Eucaristia. S. Ambrósio lembrava aos neófitos esta verdade, aplicando às suas vidas o acontecimento da ressurreição: "Se hoje Cristo é teu, Ele ressuscita para ti cada dia". Por sua vez, S. Cirilo de Alexandria sublinhava que a participação nos santos mistérios "é uma verdadeira confissão e recordação de que o Senhor morreu e voltou à vida por nós e em nosso favor" *(Ecclesia de Eucharistia, 14).*

15
ORAÇÕES PARA OS MINISTROS DA EUCARISTIA

1. ORAÇÃO COMUM *(Jo 15,1-17)*

(Para os ministros rezarem juntos com os outros ministros ou sozinhos.)

D.: Em nome do Pai † e do Filho e do Espírito Santo.

T.: **Amém.**

D.: Eu sou a videira e meu Pai é o agricultor. Todo ramo que não der fruto em mim, ele o cortará, e todo o que der fruto, podá-lo-á para que produza mais fruto.

T.: **Senhor, estamos dispostos a ser podados, a fim de produzirmos mais frutos.**

D.: Permanecei em mim e eu permanecerei em vós. O ramo não pode dar fruto por si mesmo, se não permanecer na videira. Assim também vós não podeis dar frutos, se não permanecerdes em mim.

T.: **Senhor, queremos sempre estar unidos a vós.**

D.: Este é o meu mandamento: Amai-vos uns aos outros como eu vos amo. Ninguém tem maior amor do que aquele que dá sua vida por seus amigos.

T.: **Senhor, queremos seguir vosso mandamento. Partilharemos nossa vida com os irmãos e irmãs, servindo a eles em nossa Comunidade.**

D.: Não fostes vós que me escolhestes, mas eu vos escolhi a vós.

T.: **Senhor, estamos aqui, prontos para o serviço.**

D.: O que vos mando é que vos ameis uns aos outros.

T.: **Senhor, este será nosso programa de vida, contamos com vossa graça e vossa força. Amém.**

D.: Maria, Mãe bendita do Salvador, ajudai-nos a servir o Cristo como a Senhora serviu, cumprindo a vontade do Pai.

T.: **Sim, ó Maria, a vós recorremos e pedimos vosso auxílio e proteção maternal. Amém.**

Momento orante diante de Jesus

(O ministro poderá rezar sozinho[a] ou junto com outros.)

Diante de Jesus Sacramentado *(Diante do sacrário.)*

– Em nome do Pai † e do Filho e do Espírito Santo. Amém.

(Faz-se um instante de silêncio.)

– A vós, Senhor, elevamos nossa alma. Tomai posse de nossa existência com vosso amor e vossa misericórdia. Precisamos de vosso amparo divino. Ó divino alimento, que no silêncio nos contemplais e vos dais em alimento, para serdes nossa vida. Nossa alma, Senhor, não pode viver sem vossa presença, pois sois o Pão que sacia nossa fome. Só vós nos bastais. Sois nossa vida e nossa paz.

– **Cremos, Senhor, em vosso amor infinito, em vossa presença na Eucaristia!**

– Vinde, Senhor, e visitai nosso coração, nossa inteira existência, todo o nosso ser. Quando vós tomais posse de nossa vida, vós trazeis um tesouro de graças: Vosso amor sem-fim. Só vós nos realizais, e não há ser humano que longe de vós poderá ser feliz. Sois nosso Deus, nosso Senhor, nosso Redentor.

– Sois, Senhor, nosso Deus, nosso Redentor, amor sem-fim, eterno, vida em nossa vida!

– Diante de vossa Eucaristia nosso coração bate mais forte. Ele se plenifica diante de vossa divindade, tão humilde e tão serena, presente no Pão consagrado. Diante de vós queremos aprender a ser humildes e simples, pois vós mesmo exaltastes os humildes e os simples. Longe de nós o coração orgulhoso e o desejo de poder e de dominação. Fazei-nos, Senhor, peregrinos de vosso amor.

— Fazei-nos, Senhor, todos os dias, um peregrino de vosso amor!

– Benditas sejam as mãos do sacerdote, Senhor, que vós chamastes para vosso santo serviço. São mãos consagradas, que consagram vosso Corpo e vosso Sangue, nas espécies do pão e do vinho. Diante de vós, presente na Eucaristia, rendemo-vos graças por todos os sacerdotes e a eles pedimos perseverança e vossa misericórdia. Fortalecei-os, Senhor, em sua missão e doação.

– Fortalecei, Senhor, nossa vida em vosso amor, para que ela seja missão e doação!

– Sentimo-nos diante de vós, Senhor, abrasados de amor até o mais profundo de nossa alma. Como podeis, Senhor, sendo Deus, permanecer humildemente na hóstia consagrada, num pedaço de pão, para ser nosso alimento de vida e salvação? Só vós podeis fazer isto, Senhor, por causa de vosso amor. Nada, além de vosso amor por nós, poderá explicar vossa presença no Sacramento do altar. Vossa presença é garantia de vosso amor para conosco e para com toda a humanidade. É garantia do paraíso que vós quereis para nós.

– Com vossa luz divina, Senhor, dissipai as trevas do nosso egoísmo!

– Senhor Jesus, vós vos dais a nós na Eucaristia, pois um só é vosso desejo: Que sejamos um convosco. Vós desejais que nos tornemos um só convosco na Eucaristia. Ela é o último grau de vosso amor. Vós vos destes a nós, para viver em nós, para nos transformar em vosso próprio corpo, pois quereis viver plenamente em nós. Por amor, só por amor, queremos recebê-lo sempre em nossa vida.

– **Ajudai-nos, Senhor, a viver em constante comunhão convosco, partilhando amor com os irmãos e irmãs!**

– Senhor Jesus, vós fostes consumido pelas dores de vossa paixão e de vossa cruz. A maldade e a ilusão dos homens vos destinaram a morrer como um criminoso. E vós, o que nos destes? Somente vosso amor, vossa misericórdia, vosso perdão. Vós vos colocastes sob a aparência do pão para vos fazerdes nosso alimento e para estardes bem perto de nós. O que mais ainda, Senhor, podereis inventar para nos amar? Vosso amor chegou ao extremo da cruz e da Eucaristia, por amor, só por amor de nós. Obrigado, Senhor.

– **Não nos deixeis, Senhor, sermos ingratos com vosso amor, nunca, jamais! Obrigado, Senhor, por vosso amor!**

– No império da razão em que vivemos em nossos dias, as pessoas não vos reconhecem na Eucaristia. Só os humildes e os simples. Somente a fé, Senhor, pode reconhecer vossa presença eucarística e nos fazer mais e mais perceber, ver e sentir vossa presença amorosa na Sagrada Eucaristia. Vós sois nosso alimento e penhor da vida eterna.

– **Vós sois, Senhor, alimento da vida eterna. Sem vós não há vida, e a morte torna-se absoluta!**

– Quando partistes deste mundo, ó Jesus, não nos deixastes como memória coisas materiais preciosas, algo que nos enriquecesse de bens, mas nos destes uma verdade muito maior, que não cabe no mundo nem no coração, pois transborda por inteiro: vosso Corpo e vosso Sangue. Vós vos destes por inteiro a nós, sem reservas. Obrigado, Senhor.

– **Ajudai-nos, Senhor, fazer de nossa vida uma oferta de amor, doação e entrega generosa!**

– Diante de vós, Senhor, aprendemos a repartir a vida e os dons, pois foi isto que fizestes conosco. Vós nos ensinastes a lógica do amor, da partilha, da entrega, da doação. E como nos custa doar-nos um pouco mais. Somos egoístas, só pensamos em nós. Vós sois nossa força na vida, na morte e em toda a eternidade.

– **Vós sois, Senhor, nossa força, nossa vida e eternidade. Vós sois a luz que dissipa as trevas de nosso egoísmo!**

– Afastai-nos, Senhor, de todo desejo de poder, de querer ocupar o primeiro lugar ou distinção. Chamai-nos de novo à unidade para com nós mesmos e com nossos irmãos e irmãs. Queremos buscar a santidade, mas não sozinhos, e sim junto com nossos irmãos e irmãs de Comunidade. Ajudai-nos a viver de novo em vossa amizade.

– **Fazei-nos, Senhor, vivermos de novo em vossa amizade!**

– Conservai-nos, Senhor, nesse Ministério Extraordinário da Sagrada Eucaristia. Queremos fazer dele uma fonte de doação de nossa vida em favor de vosso Reino, em nossa Comunidade. Sem vossa presença, sem vos receber na Eucaristia, nada podemos fazer, pois sem a Eucaristia não alcançamos vossa graça e vossa bondade.

– **Fazei-nos viver, Senhor, em vossa graça, em vossa amizade e bondade!**

– Ajudai-nos a permanecer sempre unidos(as) convosco, com nossos irmãos e irmãs, com nossa Comunidade e em nossa família. Amém.

– **Assim esperamos, assim desejamos, assim nós queremos! Amém!**

Rezando com Maria

– Maria, sois a Mãe do Verbo eterno do Pai. Vós que, cumprindo a vontade do Pai, tomastes em vossos braços o Menino Deus, tomai-nos também em vossos braços e levai-nos para junto de vosso Filho. De vós esperamos esse amparo. Socorrei-nos com o mesmo amor que vós tendes para com Jesus, vosso Filho.

– Socorrei-nos, ó Maria, e dai-nos vosso alento tão terno e materno em cada dia!

– Maria, vós que vistes, ouvistes e acolhestes a Palavra de Jesus, fortificai nossa fé no Evangelho de vosso Filho. Fazei que a Palavra de Cristo seja a fonte límpida e inconfundível de nossa redenção e assim dela nos aproximemos para matar nossa sede de vida e de redenção.

– Maria, levai-nos para junto da fonte de vida e de salvação: Jesus, vosso Filho e nossa redenção!

– Maria, vós sois a criatura do Reino, pois fostes chamada para a nobre missão de Mãe do Redentor. Junto de vós encontramos Jesus. E junto de Jesus encontramos a vós, pois não vos separais de vosso Filho, desde o dia da anunciação até a sua morte de cruz. Hoje, vós estais no céu, junto do Pai, junto de Jesus e do Espírito Santo.

– Maria, sois a Mãe que nos oferecestes tudo de nossa vida: Jesus, o Filho de Deus que de vós nascestes!

– Maria, neste momento de adoração, adorai conosco vosso Filho Jesus, presente na Eucaristia. Vós sois a Mulher Eucarística do Reino do Céu. Tocai em nosso coração com vossas mãos benditas e não nos deixeis desviar-nos do caminho de Jesus nem permitais que tenhamos sentimentos e atitudes que nos afastem de vosso Filho.

– Conservai-nos, ó Maria, na comunhão com vosso Filho e entre nós! Amém!

– Pai nosso...

– **Ave, Maria...**
– **Glória ao Pai...**

– **Louvado seja o Santíssimo Sacramento do altar e a Virgem concebida sem pecado original.**

2. PALAVRA ORANTE

(Proposta de um momento orante num encontro dos ministros: reunião, retiro...)

(SÍMBOLOS ou sinais que poderão ser usados na celebração orante: quatro velas, Bíblia, imagem de Nossa Senhora.)

(No início da celebração, depois do refrão de um canto desejado, entra em silêncio a primeira VELA e é colocada sobre uma pequena mesa ou no altar, conforme o lugar onde se realiza a celebração.)

Cântico

– Em nome do Pai † e do Filho e do Espírito Santo.
– **Amém!**
– Abri, Senhor, nosso coração, nossa existência, todo o nosso ser. Sem vossa presença nada se realiza, nada nos motiva, nada nos faz felizes.
– **Como os discípulos de Emaús também dizemos: "Ficai conosco, Senhor!"**
– Enviai-nos, Senhor, vosso Espírito Santo de amor e de consolação.
– **E renovai nossa vida, segundo vossa vontade!**
– Infundi em nós o dom da esperança e da paz, do discernimento e do perdão.

– **Para que nossas ações e atitudes sejam sinais de vossa vontade sobre nós!**

– Afastai-nos de toda amargura e ressentimentos.

– **E fortalecei nossa união cristã!**

– Uni nossas mãos para a construção da verdade e da Comunidade.

– **E que elas se estendam num gesto de perdão e de acolhimento, de união e de compromisso fraterno!**

(Em silêncio, entroniza-se a segunda VELA acesa.)

– Reunidos em Comunidade, como irmãos e irmãs de verdade, pedimos ao Senhor, nosso Deus de amor, vossa bênção e vossa graça.

– **Venha sobre nós a bondade do Senhor, e entre nós manifestemos vosso amor, pois vossa presença é sentida em nós e por nós!**

– Que saibamos ouvir vosso convite sempre insistente para estar junto de vós e ouvir vossa Palavra. Não queremos estar alheios à vossa Palavra nem fazer dela um meio para justificar nossas inúmeras fraquezas.

– **Ficai conosco, Senhor, pois vossa Palavra toca-nos profundamente e há de fazer parte de nossa existência!**

– A Palavra que se fez carne em Nazaré, no seio de Maria, é a Palavra que se faz carne em cada Eucaristia. Senhor, ainda não alcançamos a compreensão do que é vossa presença entre nós pela vossa Palavra e pela Eucaristia.

– **E como os discípulos vos dizemos: "Só vós tendes palavras de vida eterna!"**

– Recordamos em cada Eucaristia a força da presença de Cristo Redentor e todo o seu gesto de amor naquela Quinta-feira Santa. Ali instituiu eternamente seu amor para conosco. Fez-se altar e cordeiro. Ali se deu a eterna comunhão de Deus conosco.

– Viver a Eucaristia, dela se alimentar, é comprometer-se com o amor a Cristo e aos irmãos. Sem amor não há Eucaristia, mesmo que todos os dias dela eu participe!

– A Eucaristia põe à prova nossa fé, pois não podemos beber desta fonte se nossos pensamentos e ações, atitudes e palavras estiverem em outra direção. Assim como o remédio nos cura, a Eucaristia deve mudar nosso coração e nossos sentimentos.

– Apaixonar-se pelo Cristo é deixar-se conduzir pelos sentimentos dele para sermos transformados no amor!

(Entronização da Palavra de Deus.)

Cântico

Anúncio da Palavra de Deus *(Jr 31,33 – Ez 36,26-27)*

(Em silêncio, entronizar a terceira VELA acesa.)

Assim nos diz o Senhor: "Eis a aliança que, então, farei com a casa de Israel – oráculo do Senhor: incutir-lhe-ei a minha lei; gravá-la-ei em seu coração. Serei o seu Deus e Israel será o meu povo" (Jr 31,33).

"Dar-vos-ei um coração novo e em vós porei um espírito novo; tirar-vos-ei do peito o coração de pedra e dar-vos-ei um coração de carne. Dentro de vós plantarei meu espírito, fazendo com que obedeçais às minhas leis e sigais e observeis os meus preceitos" (Ez 36,26-27). – Palavra do Senhor.

– Graças a Deus!

(Momento de silêncio para a reflexão pessoal.)

(Em silêncio, entronizar a quarta VELA acesa.)

– No Antigo Testamento, Deus escreveu sua lei em pedras, em tábuas de pedra. No Novo Testamento, Deus escreveu sua Verdade no coração humano, no coração do homem e da mulher, por meio de seu Filho, sua Palavra viva e eterna.

Jesus é o sinal vivo, a manifestação plena e eterna do desejo de Deus. Quem nele fundamenta sua vida experimenta a salvação, a eternidade já aqui na terra, a salvação. Cristo nos ensinou a viver a vida neste mundo, como também o jeito de ser Comunidade cristã autêntica: fervorosa, unida, fraterna, comprometida.

– **Senhor, que vosso desejo seja nosso jeito de viver e de trabalhar na Comunidade!**

Preces

– Elevemos nossa prece ao Deus da vida, Ele que está sempre pronto em seu amor para nos acolher.

1. AJUDAI-NOS, Senhor, a sermos plantas vivas de vosso Reino.

– **Conservai-nos, Senhor, em vossa paz!**

2. FAZEI, Senhor, que em nossa ação produzamos frutos saudáveis de vosso Reino.

3. DAI-NOS um coração humilde, e na simplicidade permaneçamos em vós.

4. FORTALECEI nossa fé, Senhor, pois sem vós nada podemos fazer.

5. FAZEI-NOS unidos em nosso Ministério e servidores felizes de vosso Reino na Comunidade.

6. ABENÇOAI o empenho de cada um(a) para exercer com dignidade esse Ministério.

(Outras intenções poderão ser feitas.)

– E na força da união, nós rezamos:

– **Pai nosso...**

(Entronização da Imagem de Nossa Senhora Aparecida.)

– Não é possível ser cristão sem Nossa Senhora, pois sem ela não temos Jesus. Foi assim que o Pai quis que tudo se realizasse: Ele escolheu Maria, para ser a Mãe de seu Filho Jesus. Deus Pai quis que o Verbo eterno viesse entre nós de um modo humano, para que compreendêssemos seu mistério redentor.

– **Maria, Mulher servidora, fazei-nos fiéis a Jesus e servidores dele na Comunidade!**

– Rezemos, agradecidos, a oração que Nossa Senhora tanto gosta:

– **Ave, Maria, cheia de graça...**

– E o Senhor agora nos abençoa em seu amor terno e eterno:

– Venha serena e fecunda sobre nós, como o orvalho da manhã, e nos faça sentir a paz e a alegria, a bênção de Deus todo-poderoso: Pai, † Filho e Espírito Santo.

– **Amém!**

Cântico

3. ORAÇÕES

Oração pessoal (1)

Pai, eis-me aqui a serviço de minha Comunidade e da Igreja. Estou disposto(a) a partilhar a Palavra e o Corpo e o Sangue de vosso Filho, com todos os meus irmãos e irmãs. Acolhei-me, Pai, em vossa bondade, fortalecei minha fé e minha esperança em vosso amor. Dai-me disposição para tudo realizar com amor e gratidão.

Jesus, eis-me aqui para vos servir nos doentes, nos idosos e em todos os que desejam se aproximar da Sagrada Eucaristia. De todos quero me aproximar com fé, com carinho e amor. Despertai meu coração para os mais necessitados e que eu viva vossa presença neles, veja no rosto deles o esplendor de vossa face. Ajudai-me a tudo fazer com generosidade.

Espírito Santo, eis-me aqui a serviço dos irmãos e irmãs que já partiram deste mundo. Quero rezar por eles para que alcancem a misericórdia e a paz junto do Pai. Inspirai-me dizer palavras acertadas, que confortem os que estão sofrendo com a partida de seus entes queridos.

Pai, Filho e Espírito Santo, Deus Trindade, amor eterno, abençoai-me nessa missão de servir com amor, distribuindo a Sagrada Comunhão na Comunidade e aos doentes, e assim vos servir junto com a Igreja. Amém.

Oração pessoal (2)

Senhor Jesus, recebi a graça de trabalhar em minha Comunidade, distribuindo a Sagrada Eucaristia que é vosso Corpo e Sangue.

Quando vou ao encontro dos doentes, levando vosso sagrado Corpo, vós já estais presente naqueles que estão sofrendo a limitação da vida.

As pessoas de fé vos recebem com muito carinho, com fé e confiança. Vós sois o Pão que nos alimenta e nos sustenta enquanto peregrinamos na terra.

Os simples e os humildes vos acolhem com fervor e encontram em vós o conforto e a paz.

Quero exercer esse ministério com dedicação e empenho, pois quem recebe vosso Corpo e vosso Sangue alcança a paz e vosso amor sem-fim.

Servi, Senhor, de minhas mãos para vos encontrar com os irmãos e irmãs. Fazei também que meus lábios pronunciem palavras confortadoras e orientadoras, e que minha vida corresponda com a dignidade do ministério que eu exerço.

Ajudai-me ser humilde e servir com amor. E quando for preciso, que eu não me ressinta em deixar que outra pessoa ocupe meu lugar.

Guardai-me, Senhor, e conservai-me bem junto de vós. Eu quero vos servir com alegria em meus irmãos e irmãs. Amém.

4. OUTRAS ORAÇÕES

Te Deum *(A vós, ó Deus, louvamos.)*

A vós, ó Deus, louvamos, a vós, Senhor, cantamos. A vós, Eterno Pai, adora toda a terra. A vós cantam os anjos, os céus e seus poderes: Sois Santo, Santo, Santo, Senhor, Deus do universo!

– **A vós, ó Deus, louvamos, a vós, Senhor, cantamos!**

Proclamam céus e terra a vossa imensa glória. A vós celebra o coro glorioso dos Apóstolos, louva-vos dos Profetas a nobre multidão e o luminoso exército dos vossos santos Mártires.

– **A vós, ó Deus, louvamos, a vós, Senhor, cantamos!**

A vós por toda a terra proclama a Santa Igreja, ó Pai onipotente, de imensa majestade, e adora juntamente o vosso Filho único, Deus vivo e verdadeiro, e o vosso Santo Espírito.

– **A vós, ó Deus, louvamos, a vós, Senhor, cantamos!**

Ó Cristo, Rei da glória do Pai eterno Filho, nascestes de uma Virgem, a fim de nos salvar. Sofrendo vós a morte, da morte triunfastes, abrindo aos que têm fé dos céus o reino eterno.

– **A vós, ó Deus, louvamos, a vós, Senhor, cantamos!**

Sentastes à direita de Deus, do Pai na glória. Nós cremos que de novo vireis como juiz. Portanto, nós vos pedimos: salvai os vossos servos, que vós, Senhor, remistes com sangue precioso.

– A vós, ó Deus, louvamos, a vós, Senhor, cantamos!

Fazei-nos ser contados, Senhor, nós vos suplicamos, em meio a vossos santos na vossa eterna glória.

– A vós, ó Deus, louvamos, a vós, Senhor, cantamos!

(As estrofes seguintes podem ser omitidas, se for oportuno.)

Salvai o vosso povo, Senhor, abençoai-o. Regei-nos e guardai-nos até a vida eterna.

– A vós, ó Deus, louvamos, a vós, Senhor, cantamos!

Senhor, em cada dia, fiéis, bendizemo-vos, louvamos vosso nome agora e pelos séculos.

– A vós, ó Deus, louvamos, a vós, Senhor, cantamos!

Dignai-vos, neste dia, guardar-nos do pecado. Senhor, tende piedade de nós, que a vós clamamos.

– A vós, ó Deus, louvamos, a vós, Senhor, cantamos!

Que desça sobre nós, Senhor, a vossa graça, porque em vós pusemos a nossa confiança.

– A vós, ó Deus, louvamos, a vós, Senhor, cantamos!

Fazei que eu, para sempre, não seja envergonhado: Em vós, Senhor, confio, sois vós minha esperança!

– A vós, ó Deus, louvamos, a vós, Senhor, cantamos!

Litania da Esperança

Quando a vida parecer difícil,
iluminai-me, Deus da Luz, Deus da vida!
Quando a incerteza estiver diante de mim,
iluminai-me, Deus da Luz, Deus da vida!

Quando tudo parecer não ter mais solução,
iluminai-me, Deus da Luz, Deus da vida!
Quando a surpresa da dor me tirar a tranquilidade,
iluminai-me, Deus da Luz, Deus da vida!
Quando eu me esquecer da utopia e do sonho,
iluminai-me, Deus da Luz, Deus da vida!
Em tudo o que me cerca na vida,
sei que estais presente,
que me estendeis vossas mãos
e me sustentais com vosso amor.
Dai-me, Senhor, vossa paz
e guiai-me para dentro de vosso Reino. Amém.

Copiosa Redenção

Ó bendita encarnação,
– **Deus amor, Deus perdão!**
Ó bendita salvação,
– **Deus amor, Deus perdão!**
Ó copiosa redenção,
– **Deus amor, Deus perdão!**
Ó bendita misericórdia,
– **Deus amor, Deus perdão!**
Ó bendito Santo e Santificador entre nós,
– **Deus amor, Deus perdão!**
Jesus Cristo, Deus amor, Deus perdão!
– **Fazei-nos verdadeiros irmãos e irmãs vossos**
e seja nosso coração pleno de bondade,
– **de misericórdia, de caridade e de perdão!**
Nós vos saudamos, Pão angélico, Pão do céu, Pão da eternidade,
– **nós vos adoramos neste sacramento!**

Salve, Jesus, Filho de Maria,
– **na hóstia santa, sois o Deus verdadeiro! Amém!**

Cântico Eucarístico Polaco

"Saudamos-te, Hóstia viva, na qual Jesus Cristo esconde a divindade.

Salve, Jesus, Filho de Maria, na santa Hóstia vós sois o Deus verdadeiro."

Outro cântico

"Saudamos-vos, Pão angélico, adoramos-vos neste sacramento.

Salve, Jesus, Filho de Maria, na santa Hóstia vós sois o Deus verdadeiro!"

Cântico composto no século XIII

"Ave, verdadeiro Corpo nascido da Virgem Maria! Tu sofreste verdadeiramente e imolaste-te pelo homem na cruz.

Do teu lado trespassado saiu sangue e água, sê para nós penhor no momento da morte. Ó Jesus doce, ó Jesus piedoso, ó Jesus Filho de Maria."

A união com Deus pela Eucaristia

"O amor sempre tende para a união. Por isso quis Cristo que o recebêssemos como alimento, pois as pessoas que mais intensamente se amam desejam estar juntas até fundir-se em uma só. Do mesmo modo age Deus: Como se não pudesse tardar essa união que reserva a seus amantes no céu, instituiu a eucaristia para antecipar-nos essa vida nele: "Quem come minha carne e bebe meu sangue permanece em mim e eu nele" (Jo 6,56).

"Na sagrada comunhão Jesus Cristo e a alma unem-se de tal forma, não só afetiva, mas efetiva e real, que em nenhum outro instante nem mistério há mais terna e intensa comunicação entre ambos. De tal forma Jesus penetra a alma e se assemelha ao corpo, que já não somos nele senão uma só e mesma coisa." (Santo Afonso de Ligório)

Oração da Vida

Nós vos louvamos, **Senhor, Deus da vida**. Bendito sejais, **porque nos criastes por amor**. Vossas mãos nos modelaram **desde o ventre materno**. Nós vos agradecemos os nossos pais, famílias e todas as pessoas **que cuidam da vida humana desde seu início até o fim**.

Em vós somos, vivemos **e existimos**. Abençoai todos e todas que zelam **pela vida humana e a promovem**.

Abençoai as gestantes **e todos os profissionais da saúde**. Dai às pessoas e às famílias **o pão de cada dia**, a luz da fé **e o amor fraterno**.

Nossa Senhora Aparecida, intercedei por nossos nascituros, **nossas crianças**, nossos jovens, **nossos adultos** e nossos idosos, **para que tenham vida plena em Jesus, que ofereceu sua vida em favor de todos! Amém!** (Dom Orlando Brandes)

Oração Vocacional

Senhor Jesus, unidos, queremos falar bem de perto ao vosso coração, neste momento. **Queremos ter vossa vida em nós e caminhar nos vossos caminhos.** Queremos ver vossa presença sempre continuada em nosso meio e na Igreja. **Queremos estar sempre assim perto de vosso coração e em vossa amizade.** E, para ter isso, queremos insistir agora para que, pela vossa graça, muitos jovens sejam chamados a viver na doação total a vós e no serviço ao Povo de Deus. **Que tenhamos sacerdotes, religiosos e ministros santos, para que sintamos vossa presença de amor, vossa paz e salvação!** Nós o pedimos com muita confiança, pela intercessão da Virgem Maria, vossa e nossa Mãe, **a vós que viveis e reinais com o Pai, na unidade do Espírito Santo. Amém.**

– Enviai, Senhor, muitos operários para vossa messe, **pois a messe é grande, Senhor, e os operários são poucos!**

Oração Vocacional (1)

Jesus, mestre divino, **que chamastes os Apóstolos a vos seguirem**, continuai a passar pelas nossas famílias, **pelas nossas escolas,** e continuai a repetir o convite **a muitos de nossos jovens**. Dai coragem às pessoas convidadas. Dai força para que vos sejam fiéis **como apóstolos leigos**, como diáconos, **padres e bispos**, como religiosos e religiosas, **como missionários e missionárias**, para o bem do povo de Deus **e de toda a humanidade. Amém**.

(Papa Paulo VI)

Oração Vocacional (2)

Senhor, pelo Batismo, vós nos chamastes à santidade e à cooperação generosa na salvação do mundo. Na Messe, que é tão grande, auxiliai-nos a corresponder a nossa Missão de membros do Povo de Deus. Qualquer que seja o chamado, que cada um de nós seja **verdadeiramente outro Cristo no mundo**. Ó Senhor, por intercessão de Maria, **Mãe da Igreja**, concedei-nos o dom misericordioso **de muitas e santas vocações sacerdotais**, religiosas e missionárias **de que a Igreja necessita. Amém**.

Alma de Cristo

Alma de Cristo, **dá-me o dom de tua santidade**. Corpo de Cristo, **traze-me a salvação**. Sangue de Cristo, **inebria-me de ti**. Água do lado de Cristo, **lava minhas culpas**. Paixão de Cristo, **fortalece minha fraqueza**. Ó bom Jesus, **ouve minha prece**. Dentro de tuas chagas **dá-me refúgio**. Que eu não seja jamais **separado de ti**. Do maligno que me assalta, **defende-me**. Na hora da morte, **chama-me para que eu vá a ti, para cantar eternamente teus louvores! Amém!**

A aclamação do povo depois da consagração termina com as palavras "Vinde, Senhor Jesus", justamente exprimindo a tensão escatológica que caracteriza a celebração eucarística (1Cor 11,26). A Eucaristia é tensão para a meta, antegozo da alegria plena prometida por Cristo (Jo 15,11); de certa forma, é antecipação do Paraíso, "penhor da futura glória". A Eucaristia é celebrada na ardente expectativa de Alguém, ou seja, "enquanto esperamos a vinda gloriosa de Jesus Cristo nosso Salvador". Quem se alimenta de Cristo na Eucaristia não precisa esperar o Além para receber a vida eterna: já a possui na terra, como primícias da plenitude futura, que envolverá o homem na sua totalidade. De fato, na Eucaristia recebemos a garantia também da ressurreição do corpo no fim do mundo: "Quem come a minha carne e bebe o meu sangue tem a vida eterna e Eu ressuscitá-lo-ei no último dia" (Jo 6,54). Esta garantia da ressurreição futura deriva do fato de a carne do Filho do Homem, dada em alimento, ser o seu corpo no estado glorioso de ressuscitado. Pela Eucaristia, assimila-se, por assim dizer, o "segredo" da ressurreição. Por isso, Santo Inácio de Antioquia justamente definia o Pão eucarístico como "remédio de imortalidade, antídoto para não morrer" *(Ecclesia de Eucharistia, 18)*.

16 PRATICANDO O BEM

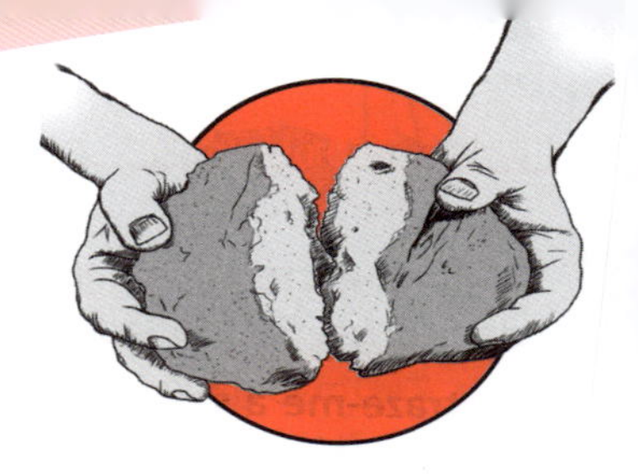

As sete obras de misericórdia corporais

1. Dar de comer a quem tem fome.
2. Dar de beber a quem tem sede.
3. Vestir os nus.
4. Acolher os peregrinos.
5. Visitar os enfermos e encarcerados.
6. Libertar os cativos.
7. Sepultar os mortos.

As sete obras de misericórdia espirituais

1. Dar bom conselho.
2. Ensinar os ignorantes.
3. Corrigir os que erram.
4. Consolar os aflitos.
5. Perdoar as ofensas.
6. Suportar com paciência os defeitos do próximo.
7. Rezar pelos vivos e defuntos.

Dias santos de guarda

No Brasil, a Conferência Nacional dos Bispos do Brasil (CNBB), após submeter-se à Santa Sé, manteve como dias santos (isto é, festejados na própria data em que caem) as seguintes solenidades:

- ✓ Santa Maria, Mãe de Deus – 1º de janeiro.
- ✓ Santíssimo Corpo e Sangue de Cristo (*Corpus Christi*) – data

variável entre maio e junho: primeira quinta-feira após o domingo da Santíssima Trindade.

- ✓ Imaculada Conceição de Maria – 8 de dezembro.
- ✓ Natal de Nosso Senhor Jesus Cristo – 25 de dezembro.

Foram transferidas para o domingo seguinte à data real da solenidade:

- ✓ Ascensão de Nosso Senhor Jesus Cristo (originalmente comemorada em 12 de maio).
- ✓ Assunção de Nossa Senhora (originalmente comemorada em 15 de agosto).
- ✓ Santos Apóstolos Pedro e Paulo (originalmente comemorada em 29 de junho).
- ✓ Todos os Santos (originalmente comemorada em 1º de novembro).

A festa da Epifania também é transferida para domingo entre 2 e 7 de janeiro.

17
CELEBRAÇÃO DO MANDATO DE NOVOS MINISTROS

O Mandato de novos Ministros Extraordinários da Sagrada Comunhão se realiza dentro de uma Celebração Eucarística. O Bispo, ou quem ele designar, conduz a celebração e realiza o cerimonial da instituição dos futuros ministros. Segue uma sugestão de celebração para esse momento em que se ministrará o mandato dos futuros ministros.

Apresentação dos Novos Ministros

(Após a homilia.)

Pároco: Queiram aproximar-se os que irão receber o mandato de Ministros Extraordinários da Eucaristia.

(Faz a chamada nominal. O candidato responde: Presente.)

Pároco: Prezado *(diz-se o nome do bispo ou de quem foi por ele designado)*, nossa Comunidade Paroquial está recebendo novos Ministros da Eucaristia em seu meio. São pessoas que se dispõem a servir a Comunidade. Sabem que o Ministro da Eucaristia não só distribui a comunhão, mas é sua tarefa também "fazer comunhão" entre os membros da Comunidade. A nosso convite, eles se dispuseram com generosidade para esse Ministério e foram devidamente preparados. Agora, nossa Comunidade Paroquial pede-lhe que o senhor lhes conceda o **Mandato de Ministros Extraordinários da Eucaristia**, segundo as faculdades que a Santa Sé lhe concedeu.

Bispo: Podes dizer-me se eles são dignos dessa missão?

Pároco: Conforme o nosso parecer e a preparação feita, declaro que foram considerados dignos.

Membro da Comunidade: .... *(diz-se o nome do bispo ou de quem foi por ele designado)*, em nome da Comunidade Paroquial, nós também como leigos cristãos, manifestamos nossa confiança e atestamos a dignidade desses nossos irmãos e irmãs para o exercício desse Ministério de Ministros Extraordinários da Sagrada Comunhão.

(A Comunidade pode manifestar sua concordância, batendo palmas ou mediante outro sinal.)

Bispo: *(Acolhe os candidatos apresentados, falando do sentido e da responsabilidade da missão que lhes será dada. Pode fazê-lo nestes termos:)*

A Sé Apostólica dá a estes nossos irmãos e irmãs a missão eclesial do serviço à Comunidade e à Eucaristia. Cabe-lhes ativa colaboração na edificação das nossas Comunidades cristãs de fazerem da Sagrada Eucaristia a fonte de sua vida. Deverão levá-la aos enfermos, às Comunidades distantes, e auxiliarão o sacerdote a distribuí-la na Celebração Eucarística.

Caríssimos irmãos e irmãs, vocês foram, pois, escolhidos para um serviço muito importante. O ministério deve distingui-los entre os irmãos pela vida cristã autêntica, pela fé viva e pela participação responsável nos trabalhos em favor da Comunidade cristã. Devem procurar viver com grande intensidade a Eucaristia, sinal e símbolo da unidade da Igreja.

A consciência de que, ao se alimentarem do Corpo de Cristo e beberem o seu Sangue, anunciam a morte do Senhor, até que Ele venha, deve levá-los a transformar suas vidas em ofertas agradáveis a Deus, por meio de Nosso Senhor Jesus Cristo.

E ainda, ao participarmos de um só pão, nós, que somos muitos, formamos um só corpo, o Corpo de Cristo: a Igreja. Por isso, como servidores da Eucaristia, vocês foram chamados a viver mais intensamente a caridade fraterna, que se expressa no serviço à edificação de nossas Comunidades. Pois Nosso Senhor, ao dar de comer aos discípulos o seu Corpo, acrescentou: "O que vos mando é que vos ameis uns aos outros", e, ajoelhando-se diante deles, lavou-lhes os pés.

Estimados candidatos, quão elevada e nobre é a missão que a Igreja lhes quer confiar; mas é preciso saber se estão dispostos a assumi-la com generosa responsabilidade.

Compromisso

(Os candidatos põem-se de pé diante do bispo, que lhes dirige estas perguntas:)

Bispo: Quereis viver mais intensamente o mistério da Sagrada Eucaristia, fazendo frutificar na vida o amor e a unidade que ela simboliza?

Candidatos: Sim, queremos!

Bispo: Quereis dedicar-vos ao aprofundamento da vossa vida cristã através da assídua meditação da Sagrada Escritura?

Candidatos: Sim, queremos!

Bispo: Quereis dedicar-vos com o máximo cuidado e reverência à conservação, ao culto e à distribuição da Eucaristia aos vossos irmãos?

Candidatos: Sim, queremos!

Bispo: Quereis trabalhar para que esta Comunidade cresça na união e na fraternidade, em solidariedade e serviço mútuo, sabendo que a comunhão do Pão da Eucaristia visa à comunhão dos membros da Comunidade?

Candidatos: **Sim, queremos!**

Bispo: Professemos todos nossa fé como sinal de fidelidade à Igreja e à nossa missão de batizados: **Creio em Deus Pai todo-poderoso, Criador do céu e da terra...**

(Após a Profissão de fé, o bispo manda ler a provisão do mandato. Depois disso os candidatos se ajoelham, enquanto o bispo proclama a seguinte bênção:)

Bispo: Concedei, Senhor Deus todo-poderoso, vossa bênção a estes vossos filhos e filhas, aos quais a Santa Igreja convoca para o serviço de auxiliares na administração da Sagrada Comunhão ao Povo de Deus. Possam eles, por seu testemunho e por seu serviço à Comunidade Paroquial, ajudar a edificar a Igreja que se alimenta com o Pão da Eucaristia cujos distribuidores serão.

Em virtude da faculdade que para isso me concedeu o Santo Padre, eu os autorizo a distribuir a Sagrada Comunhão aos fiéis, segundo as normas para isso estabelecidas. Em nome do Pai † e do Filho e do Espírito Santo.

Todos: **Amém.**

(Em seguida o bispo entrega aos novos ministros a provisão e a carteirinha de identificação.)

Bênção do Jaleco e da Teca

(Os ministros "antigos", cada um com o jaleco e a teca/viático de um dos novos ministros, fazem a apresentação destes ao bispo para que os abençoe. Em seguida da bênção, entregam a cada novo ministro correspondente e o ajuda a se vestir, se necessário. Escolher um ministro da sua Comunidade para apresentar o jaleco e a teca.)

Bispo: O Senhor nosso Deus, abençoe estas vestes litúrgicas que serão usadas no serviço da distribuição da Sagrada Comunhão à Comunidade e aos Doentes, para que sejam sinais da vida de comunhão e de amor entre os irmãos, e de entrega da vida a serviço do Reino. Em nome do Pai † e do Filho e do Espírito Santo.

Todos: **Amém.**

(Os novos ministros podem vestir a opa. O Senhor Bispo convida a todos para o abraço da paz e acolhimento fraterno dos novos ministros.)

PALAVRA FINAL

Ainda há muito o que dizer e aprender. Mas nada supera quando Deus está em nosso coração. Eucaristia é a própria presença de Cristo em nós. Assim Ele mesmo desejou, por isso instituiu o sacramento da Eucaristia naquela Quinta-feira Santa.

Tudo o que nós temos a fazer, façamos com dedicação e boa vontade. Isto é do agrado de Deus. Toda organização, aprendizado e orientações são úteis e necessários, mas se não fizermos as coisas "com o coração", certamente ficarão a desejar.

Sejamos firmes e constantes em nossa fé, em nosso Ministério e no respeito para com a Comunidade e com quem está ao nosso lado nesse mesmo serviço do Reino.

Que Nossa Senhora nos ajude a continuar com alegria em nosso trabalho, em nossa Comunidade e na alegria do Reino!

ÍNDICE

Este livro foi composto com as famílias tipográficas Bree e Calibri e
impresso em papel Offset 75g/m² pela **Gráfica Santuário.**